ネイティブが教える
英語の形容詞の使い分け

デイビッド・セイン David A. Thayne
古正佳緒里 Kaori Furusho

Natural Adjective Usage for Advanced Learners

研究社

Copyright © 2013 by AtoZ

ネイティブが教える
英語の形容詞の使い分け

Natural Adjective Usage for Advanced Learners

PRINTED IN JAPAN

はじめに／本書の使い方

　名詞をのぞけば、英語でもっとも多い品詞は形容詞だという。
　何かを表現するには無数の言葉を駆使せねばならず、それにはより多くの形容詞を必要とするからだろう。俗にいう若者言葉と同じように、ネイティブは日々の会話で次々と新たな形容詞を作り出しているので、辞書に載るまでの言葉となるのは、そのうちのごくわずかだ。
　そんな時々刻々と増え続ける形容詞を把握するのは、ネイティブですらむずかしい。ましてや非ネイティブであれば、なおさらだ。

　たとえば、あなたが女の子に「やせてるね」と声をかける時、どの形容詞を使うだろうか？ slender のほか、skinny や thin、bony なども思い浮かぶかもしれない。しかし、ネイティブの女の子は、slender と言われれば喜ぶだろうが、thin と言われたら怪訝な顔をするかもしれない。それはなぜか？
　slender には「ほっそりとして素敵だね」というニュアンスがあるのに対し、thin は「病気などが原因でやせたのではないか」という含みがある。それゆえ、ほめ言葉として使うのであれば、slender が無難だ。
　このように、日本語では一般的に「やせた」と訳される語も、ネイティブの感覚では微妙に意味合いが異なる場合がある。そのちょっとしたニュアンスの違いを説明するのが、本書だ。
　英語で「やせた」を表わす語をざっと見ても、petite, slender, slim, svelte, sleek, skinny, thin, lanky, bony, gangly, scrawny, emaciated, anorexic, haggard, skeletal... など、豊富にある。その中のどれを使うかで、相手に伝わる意味も異なれば、あなた自身の印象も変わってしまう。形容詞の使い分けは、人とコミュニケーションをとる上で非常に重要だといえる。
　そこで本書では、基本的な形容詞の同義語から「ニュアンスの異なる5語」を選んでレベル分けし、ネイティブがどのように使い分けるかを説明した。読者の助けとなるよう、できるだけ数多くの形容詞を収録し、似た意味合いの語や関連表現についても触れるよう心がけた。

● 本書のレベル分けについて ●

1）1つの日本語の概念に対し、「ニュアンスの異なる5つの形容詞」を紹介

　同義語はほかにも数多くあるだろうが、今回はあえて「異なるニュアンスを代表する5つの形容詞」を選んで紹介した。

　基本的な形容詞であるにもかかわらず、この5つに入らなかった同義語もある。こうした語は、可能な限り本文中で触れた。

2）もっとも意味的に的確な「基準となる形容詞」をレベル分けの中心に置き、それをもとに2種類のレベル分けをした。

　「基準となる形容詞」は、その概念を代表するもっとも一般的な語で、日本人にもおなじみの語だ（たとえば「大きい」なら big, 「小さい」なら small など、おそらく誰もがいちばんに連想する語）。その言葉本来の意味を持ち、特にこれといった「極端なニュアンスがない」ため、5つの形容詞の「基準（中心）」となる。

　一方、その他4つの形容詞は、基準語と比べて、何らかのニュアンスが含まれる。そのような違いを、「大げさな言い方」と「控えめな言い方」、「客観的な言い方」と「主観的な言い方」など、わかりやすく2種類にレベル分けした。

　冒頭の「基本例文」は、原則としていずれの形容詞も使えるものだ。「基本例文」に各語をあてはめて、ニュアンスの違いを確認してほしい。しかし、「基準となる形容詞」の例文にうまくあてはまらないものもあるので、ご注意いただきたい。

● 5つの形容詞について ●

　5つの形容詞は、さまざまな使い分けを説明するために選んだ。言葉によって、かなり意味の違うものもあれば、ほぼ同義に近いものもある。読者のみなさんには、著者があえて「読者に知ってほしい語を選んだ」と理解していただきたい。

　「基準となる形容詞」は誰もが知っているだろうが、そのほかは初めて見る語も数多くあるだろう。ネイティブもそう頻繁には使わないものもあるが、知っていればより表現の幅も広がる。可能な限り語源にも触れるようにしたので、本書で、ぜひ新しい形容詞表現を身につけてほしい。

　本書ではネイティブの感覚で「基準となる形容詞」のバリエーションと思わ

れる表現を選んでいるため、1語の形容詞でない表現や、名詞などを紹介したところもある。こうしたものはどれもネイティブが日常的に使うものなので、あわせて使い方を覚えてほしい。

● **本書の使い方** ●

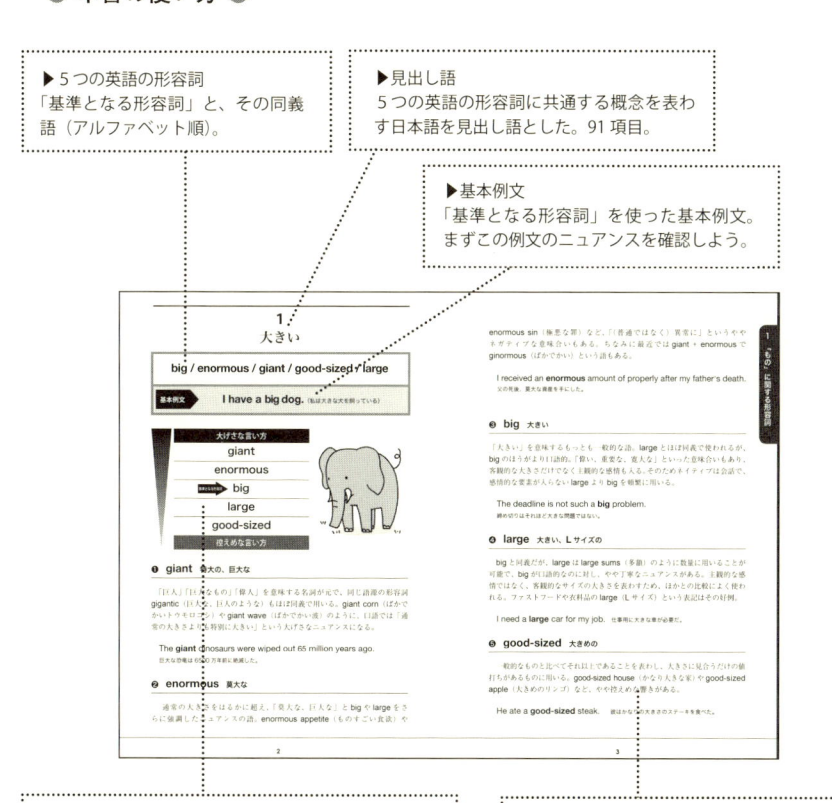

▶ 5つの英語の形容詞
「基準となる形容詞」と、その同義語（アルファベット順）。

▶ 見出し語
5つの英語の形容詞に共通する概念を表わす日本語を見出し語とした。91項目。

▶ 基本例文
「基準となる形容詞」を使った基本例文。まずこの例文のニュアンスを確認しよう。

1
大きい

big / enormous / giant / good-sized / large

基本例文　I have a big dog.（私は大きな犬を飼っている）

大げさな言い方
giant
enormous
BASIC big
large
good-sized
控えめな言い方

❶ giant 巨大な、巨人の
「巨人」「傑人」を意味する名詞が元で、同じ語の形容詞gigantic（巨大、巨人のような）とほぼ同じ意味で用いる。giant corn（大きいトウモロコシ）や giant wave（ばかでかい波）のように、口語では「通常の大きさよりも特別に大きい」という大げさなニュアンスになる。
The giant dinosaurs were wiped out 65 million years ago.
巨大な恐竜は6,500万年前に絶滅した。

❷ enormous 莫大な
通常の大きさをはるかに超え、「莫大な、巨大な」と big や large をさらに強調したニュアンスの語。enormous appetite（ものすごい食欲）、

enormous sin（極悪な罪）など、「普通ではなく」異常に」というややネガティブな意味合いもある。ちなみに最近では giant・enormous とginormous（ばかでかい）という語も読む。
I received an enormous amount of property after my father's death.
父の死後、莫大な資産を手にした。

❸ big 大きい
「大きい」を意味するもっとも一般的な語。large とほぼ同じ意味で使われるが、big のほうがより口語的で、「偉い、重要な、寛大な」といった意味合いもあり、客観的な大きさだけでなく主観的な感情も表わす。そのためネイティブは会話では感情的な要素が入らない large より big を頻繁に用いる。
The deadline is not such a big problem.
締め切りはそれほど大きな問題ではない。

❹ large 大きい、Lサイズの
big と同義だが、large は large sums（多額）のように数量に用いることが多く、big が主観的なのに対し、やや事務的なニュアンスがある。主観的な感情ではなく、客観的なサイズの大きさを表わすため、ほかとの比較によく使われる。ファストフードや衣料品の large（Lサイズ）という表記がその好例。
I need a large car for my job.
仕事用に大きな車が必要だ。

❺ good-sized 大きめの
対象のものと比べてそれなりであることを表わし、大きさに見合うだけの値打ちがあるときに用いる。good-sized house（かなり大きな家）や good-sized apple（大きめのリンゴ）など、やや控えめの響きがある。
He ate a good-sized steak.
彼は大きめのステーキを食べた。

▶ 形容詞のレベル分け
形容詞を、ニュアンスの違いからレベル分けした。基本的に、真ん中（3つ目）の語が、日本語の見出し語にもっとも近い「基準となる形容詞」となる。その「基準となる形容詞」をもとに、残り4つの形容詞を大きく上下2つの意味でレベル分けした（ivページの「本書のレベル分けについて」を参照）。2つのレベル分けは、必ずしも対極的な意味とはなっていない。

▶ 形容詞の解説
レベル分けの上から順に、ネイティブがどのように5つの形容詞をとらえているか解説した。語自体の意味や使い方、言い回しとあわせ、その形容詞を使った例文も紹介する。

※ **注** ivページの「5つの形容詞について」でも説明したように、選択肢は基本的に形容詞だが、「基準となる形容詞」の言い換えとして、ネイティブが頻繁に使う言い回しを、1語の形容詞に限らず紹介している。

v

● 最後に ●

『ネイティブが教える英語の動詞の使い分け』でも書いたが、形容詞の使い分けを調べてみて、ネイティブも考えが完全に一致することはないことがわかった。1 人ひとりの言葉選びは異なる——だからこそ、文体や会話の個性が生まれ、コミュニケーションは楽しくなる。

とはいえ、非ネイティブである読者が言葉を選ぶ際の指標になるべき本は必要だ。本書は、著者デイビッド・セインが一般ネイティブの思考を代弁して書いたつもりだが、「絶対の解答」ではない。

言葉の選び方や受け止め方は人それぞれに異なり、100 人のネイティブがいれば 100 通りの答えがあるだろう。ほかのネイティブとも幾度となく議論を重ね、できるだけ多くのネイティブが納得する内容としたつもりではあるが、これが「絶対ではない」ことを理解してもらいたい。

無数にある形容詞のレベル分けは、ネイティブにとっても非常に困難な作業であったが、改めて自分の「言葉の棚」を整理できるいい機会になった。

本書を参考に、読者のみなさんにもぜひ「身近な形容詞のレベル分け」に挑戦してもらいたい。仕事でよく使う言葉やごく基本的な表現が、より明確に理解できるようになるはずだ。

最後になったが、研究社の金子靖さんには、企画から編集まで、大変お世話になった。なかなか進まない執筆を励ましてくださった金子さんに、心から御礼申し上げたい。また本書では、形容詞の選び方からレベル分けまで、編集部の鈴木美和さん、中川京子さん、鎌倉彩さんのお力もお借りした。ネイティブですら気づかない細かい点をいくつも指摘してくださったみなさんに、深く感謝する。

今まで形容詞に関する本も何冊か出してきたが、その総集編ともいえる本になったはずだ。

本書が、読者の皆様の英語学習の助けとなれば幸いに思う。

2013 年 7 月

デイビッド・セイン（David A. Thayne）

目次

▶ はじめに／本書の使い方　　　　　　　　　　　　　　　　iii

■ 第1章　「もの」に関する形容詞

1	大きい	big / enormous / giant / good-sized / large	2
2	小さい	miniature / miniscule / minuscule / small / smallish / tiny	4
3	広い	expansive / immense / large / sizable / spacious	6
4	狭い	compact / cramped / little / small / tiny	8
5	（仕事などが）重い、きつい	burdensome / demanding / heavy / oppressive / troublesome	10
6	軽い	chintzy / flimsy / light / lightweight / weightless	12
7	高価な	expensive / exorbitant / pricey / priceless / valuable	14
8	安い	cheap / cut-rate / dirt cheap / low / reasonable	16
9	良い	excellent / fine / good / great / okay	18
10	悪い	awful / bad / inferior / substandard / terrible	20
11	熱い、暑い	burning hot / hot / red hot / toasty / warm	22
12	冷たい、寒い	chilly / cold / cool / freezing / frosty	24
13	まとめて覚えたい形容詞 ● 1　簡単な		26

vii

▶コラム	形容詞・豆知識●1	複合形容詞（compound adjective）	29
14	むずかしい	challenging / complex / difficult / hard / impossible	30
15	おいしい	appetizing / delicious / scrumptious / tasty / wonderful	32
16	まずそうな	edible / gross / inedible / nasty / unappetizing	34
17	しょっぱい	briny / brackish / kind of salty / salty / slightly salty	36
18	（味が）薄い	blah / bland / flat / flavorless / tasteless	38
19	甘い	a little sweet / saccharine / slightly sweet / sugary / sweet	40
20	辛い	burning hot / hot / slightly spicy / spicy / zesty	42
21	必要な	indispensable / mandatory / necessary / needed / required	44
22	不要な	dispensable / gratuitous / nonessential / optional / unnecessary	46
23	豪華な	deluxe / extravagant / gaudy / luxurious / plush	48
24	粗末な	cheap / no-frills / run-down / shabby / simple	50
25	まとめて覚えたい形容詞●2	多くの	52
26	まとめて覚えたい形容詞●3	少しの	56
▶コラム	形容詞・豆知識●2	very と really のちがい	59
27	不十分な	insufficient / lacking / meager / measly / wanting	60
28	便利な	convenient / functional / handy / nifty / useful	62
29	不便な	inadequate / inconvenient / limiting / useless / worthless	64
30	重要な	big / critical / important / pivotal / serious	66
31	普通の	everyday / normal / ordinary / traditional / typical	68
32	きれいな、整理された	clean / neat / spotless / sterile / tidy	70

33	汚い、乱雑な	cluttered / dirty / filthy / grimy / messy	72
34	明るい	blinding / bright / brilliant / shiny / sunny	74
35	暗い	black / dark / dim / pitch-black / shadowy	76

▶コラム　**形容詞・豆知識●3**　ネイティブにとってのfine　78

▶コラム　**形容詞・豆知識●4**　ネイティブがよく使う形容詞　79

■ 第2章　「人」に関する形容詞

36	おかしい	amusing / funny / hilarious / humorous / hysterical	82
37	つまらない	boring / dry / flat / mind-numbing / stale	84
38	楽しい	amusing / enjoyable / exciting / fun / thrilling	86
39	退屈な	bored / distracted / sick and tired / tired / uninterested	88
40	元気な	all right / energetic / fine / hyper / so-so	90
41	疲れた	exhausted / out of energy / sluggish / tired / worn out	92
42	優しい	amiable / good-natured / kind / nice / sweet	94
43	意地悪な	cold / cruel / horrible / mean / unkind	96
44	無愛想な、冷たい	aloof / cold / cool / hostile / unfriendly	98
45	賢い	bright / brilliant / intelligent / sharp / smart	100
46	バカな	dumb / idiotic / moronic / senseless / silly / stupid	102
47	勇敢な	bold / brave / courageous / foolhardy / heroic	104
48	臆病な	cowardly / faint-hearted / gutless / spineless / timid	106

49	若い	boyish / childish / girlish / immature / young / youthful	108
50	年老いた	aged / ancient / elderly / old / older	110
51	静かな	quiet / restrained / silent / tight-lipped / withdrawn	112
52	うるさい	annoying / deafening / loud / noisy / thunderous	114
53	穏やかな	calm / cool / relaxed / serene / tranquil	116
54	怒った	angry / frustrated / furious / mad / upset	118
55	裕福な	affluent / filthy rich / loaded / rich / wealthy	120
56	貧しい	broke / destitute / hard up / impoverished / poor	122
57	（性格的に）強い	dynamic / overbearing / powerful / pushy / strong	124
58	（肉体的に）強い	beefy / burly / muscular / powerful / strong	126
59	弱い	delicate / feeble / fragile / frail / weak	128
60	派手な	flashy / gaudy / glitzy / loud / showy	130
61	地味な	boring / dreary / plain / simple / unadorned	132
62	熱心な	devoted / enthusiastic / gung-ho / passionate / wholehearted	134
63	無関心な	apathetic / indifferent / nonchalant / uncaring / unconcerned	136
64	きれいな、かわいい	adorable / beautiful / cute / nice / pretty	138
65	ぶさいくな	hideous / homely / grotesque / ugly / unattractive	140
66	寛大な	benevolent / charitable / generous / nice / unselfish	142
67	倹約な	economical / frugal / stingy / thrifty / tightfisted	144
68	喜んだ、安堵した	comforted / delighted / glad / happy / overjoyed / relieved	146

69	怖い	afraid / alarmed / horrified / frightened / scared / terrified	148
70	親切な、思いやりのある	caring / considerate / courteous / kind / loving / nice	150
71	厳しい	cruel / exacting / harsh / strict / tough	152
72	まとめて覚えたい形容詞●4	やせた	154
73	まとめて覚えたい形容詞●5	太った	158
74	おしゃれな	fashionable / in fashion / smart / sophisticated / stylish	162
75	かっこ悪い	out of fashion / tacky / ugly / unappealing / unattractive	164
76	幸せな	ecstatic / glad / happy / joyful / pleased	166
77	悲しい	blue / depressed / down / gloomy / sad	168
78	自信のある、確信して	cocksure / confident / convinced / positive / sure	170
79	困惑した	baffled / bewildered / confused / perplexed / puzzled	172
80	すばらしい	awesome / fabulous / good / great / wonderful	174
81	ひどい	bad / crappy / horrible / lousy / terrible	176
82	威張った	arrogant / conceited / proud / stuck-up / uppity	178
83	有名な	famous / legendary / popular / prominent / well-known	180
84	無名の	anonymous / nameless / obscure / unknown / unsung	182
85	速い	fast / quick / rapid / speedy / swift	184
86	遅い	leisurely / lifeless / slow / sluggish / unhurried	186
87	安全な	benign / harmless / innocuous / risk-free / safe	188
88	危険な	dangerous / hazardous / perilous / risky / unsafe	190

89	（痛みが）激しい		
	acute / bad / excruciating / severe / sharp		192
90	（痛みが）軽い		
	dull / mild / smarting / stinging / uncomfortable		194
91	まとめて覚えたい形容詞 ●6	痛みの度合い	196

索引　　　　　　　　　　　　　　　　　　　　　　198

第 1 章

「もの」に関する形容詞

1
大きい

big / enormous / giant / good-sized / large

基本例文　**I have a big dog.** (私は大きな犬を飼っている)

大げさな言い方
- giant
- enormous
- **big** ←基準となる形容詞
- large
- good-sized

控えめな言い方

❶ giant　特大の、巨大な

「巨人」「巨大なもの」「偉人」を意味する名詞が元で、同じ語源の形容詞 **gigantic**（巨大な、巨人のような）もほぼ同義で用いる。giant corn（ばかでかいトウモロコシ）や giant wave（ばかでかい波）のように、口語では「通常の大きさよりも特別に大きい」という大げさなニュアンスになる。

The **giant** dinosaurs were wiped out 65 million years ago.
巨大な恐竜は 6500 万年前に絶滅した。

❷ enormous　莫大な

通常の大きさをはるかに超え、「莫大な、巨大な」と big や large をさらに強調したニュアンスの語。enormous appetite（ものすごい食欲）や

enormous sin（極悪な罪）など、「（普通ではなく）異常に」というややネガティブな意味合いもある。ちなみに最近では giant + enormous で **ginormous**（ばかでかい）という語もある。

I received an **enormous** amount of property after my father's death.
父の死後、莫大な資産を手にした。

❸ big 大きい

「大きい」を意味するもっとも一般的な語。large とほぼ同義で使われるが、big のほうがより口語的。「偉い、重要な、寛大な」といった意味合いもあり、客観的な大きさだけでなく主観的な感情も入る。そのためネイティブは会話で、感情的な要素が入らない large より big を頻繁に用いる。

The deadline is not such a **big** problem.
締め切りはそれほど大きな問題ではない。

❹ large 大きい、Lサイズの

big と同義だが、large は large sums（多額）のように数量に用いることが可能で、big が口語的なのに対し、やや丁寧なニュアンスがある。主観的な感情ではなく、客観的なサイズの大きさを表わすため、ほかとの比較によく使われる。ファストフードや衣料品の large（Lサイズ）という表記はその好例。

I need a **large** car for my job.　仕事用に大きな車が必要だ。

❺ good-sized 大きめの

一般的なものと比べてそれ以上であることを表わし、大きさに見合うだけの値打ちがあるものに用いる。good-sized house（かなり大きな家）や good-sized apple（大きめのリンゴ）など、やや控えめな響きがある。

He ate a **good-sized** steak.　彼はかなりの大きさのステーキを食べた。

2
小さい

miniature / miniscule / minuscule / small / smallish / tiny

基本例文 — She works in a small building.
(彼女は小さなビルで働いている)

大げさな言い方
- minuscule / miniscule
- tiny
- 基準となる形容詞 → small
- smallish
- miniature

控えめな言い方

❶ minuscule / miniscule 極小の

　目では見えないほど小さいものを表わす。本来は minuscule だが、口語では miniscule を使うことが多い。接頭辞 mini- は「非常に小さい」「小型の…」を意味し、ほかに miniature などもある。minuscule amount of ...（ほんのわずかな量の…）や minuscule event（取るに足りない出来事）など、あまりにも小さい（少ない）ために、「これだけ？」とバカにしたようなニュアンスにもなりうる。

There was a **minuscule / miniscule** amount of ice cream left.
ほんのわずかなアイスしか残っていなかった。

❷ tiny ちっちゃな

　同じ種類のものと比較して、その小ささを強調したい時に用いる。tiny bug

（小さな虫）や tiny fiber（微細な繊維）など、目に見えてもつかめないほどちっぽけなものを表わす。ものの大きさだけでなく、数量や割合にも使う。

The baby had **tiny** fingers.　その赤ちゃんの指はとても小さかった。

❸ small　小さな、Sサイズの

「小さい」を意味するもっとも一般的な語。small は「客観的なサイズの小ささ」を表わすので、ファストフードの商品や衣料品の small（Sサイズ）の表示にも用いられる。ほかに a small amount of ...（少量［少額］の…）や a small number of ...（少数の…）など、さまざまな数量の少なさを表わす。**little** もほぼ同義で使えるが、little girl（小さな女の子）のように「小さくてかわいい」という感情的な要素が入る点が異なり、大きさを客観的に表現する際にはやや不適切。

The diamond was **small**.　そのダイヤは小さかった。

❹ smallish　小さめの

small に、「…のような」「やや…の」という意味を持つ接尾辞 -ish を付けた形容詞。本来、正式な英語ではないが、比較的よく使われているため、辞書にも載っている。small よりも丁寧で柔らかい表現になるが、使い方によってはややネガティブなニュアンスを含む場合もある。

I have a **smallish** dog.　私は小さめの犬を飼っている。

❺ miniature　小型の

miniature car（小型自動車）や miniature book（豆本）のように、小型製品を表わす語としてよく用いられる。その小ささが売りになるような、「小さくて良い」というポジティブな意味合いがある。

I bought **miniature** Gundam figures at a vending machine yesterday.
昨日、自動販売機でガンダムの小さいフィギュアを買った。

3 広い

expansive / immense / large / sizable / spacious

基本例文　**The house was large.** (その家は広かった)

大げさな言い方
- immense
- expansive
- large ← 基準となる形容詞
- spacious
- sizable

控えめな言い方

❶ immense　無限に広がる

immense possibilities（無限の可能性）や immense nation（巨大国家）など、「計りしれないほど広大な、莫大な」ものを表わす。一方、口語では immense complexity（ものすごく複雑）や immense happiness（ものすごい幸せ）のように、「すばらしい、ものすごい」という強調表現としても使われる。

The garden was so **immense** that it took 20 gardeners to take care of it.
その庭は世話をするのに 20 人の庭師が必要なほど広大だった。

❷ expansive　広大な

「拡張的な、膨張力のある」という意味もあるように、空間的な広さだけでなく外へ外へと広がるイメージが強い語。expansive mind（おおらかな心）

や expansive lifestyle（開放的なライフスタイル）のように、人の性格などが「開放的な、おおらかな」という意味もある。

The office was expansive, but only three people worked there.
そのオフィスは広々としているのに、そこでは3人しか働いていなかった。

❸ large 広い

large はものの大きさだけでなく、面積の広さも表わす。large mountain（大きな山）や large area（広い地域）のように、「大きくて広い」さまざまなものを表現するのに用いる。ただし漠然とした広さを表わすため、より具体的なニュアンスを出したい場合（「空間が広々した」なら spacious というように）、ほかの形容詞を使うといいだろう。

That shopping mall has large restrooms.
あのショッピングモールには広いトイレがある。

❹ spacious 広々した

すっきりとした空間が広がっている状態を表わす。spacious kitchen（ゆったりとしたキッチン）や spacious yard（広々とした中庭）など、空間の広さを評価する響きがある。

Your dining room is so spacious and beautiful!
きみの家のダイニングはものすごく広々としてきれいだね！

❺ sizable そこそこ広い

かなりの広さはあるものの、それを強調するニュアンスはさほどなく、漠然と述べる際に使われる。空間的な広さだけでなく、全体的なものの大きさ・多さも表わす。sizable cut（大幅削減）や sizable audience（相当数の観客）など、さまざまなものの大きさや量を表現できる使い勝手のいい語。

Her bedroom isn't big, but it's sizable.
彼女の寝室は広くないが、そこそこの広さはある。

4
狭い

compact / cramped / little / small / tiny

基本例文   **He lives in a small apartment.**
（彼は狭いアパートに住んでいる）

批判的な言い方
- cramped
- tiny
- small ← 基準となる形容詞
- little
- compact

好意的な言い方

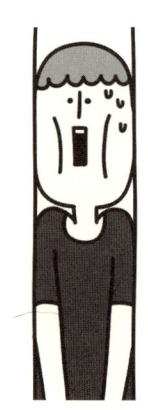

❶ cramped 窮屈な

圧迫感があるほど狭苦しい場合に用いる。cramped posture（窮屈な姿勢）や cramped conditions（すし詰めの状態）など、狭さに対する不快なニュアンスが含まれる。文字がびっしり詰まって読みにくい場合にも使う。

My office is so cramped that I can't even turn around.
私のオフィスはとても狭いので体の向きを変えることさえできない。

❷ tiny ちっぽけな

小ささだけでなく、面積などのスペースの狭さも表わす。tiny cell（小さな部屋）や tiny flat（小さいアパート）など、やや謙遜したニュアンスがある。

It's a **tiny** restaurant. It has space for only five customers.
そこは小さなレストランだ。5人の客が入るスペースしかない。

❸ small 小さな

「狭い」というと日本人は **narrow** を思い浮かべるだろうが、narrow はおもに「幅の狭さ」を表わす。そのため narrow river（狭い川）のように、長さに比べて幅が細いものを表わし、「空間が全体的に小さい（狭い）」という場合は small を用いる。サイズ表記に使われるように、small は主観的な感情が入らないため客観的な評価に聞こえる。そのため、一般的に誰が見ても狭い・小さいと感じる場合に使う。

We stayed at a **small** hotel by the beach.
私たちは海岸近くの小さなホテルに滞在した。

❹ little 小さな

small も little も「小さな」という意味の同義語だが、small が客観的な語であるのに対し、little は感情的な要素が入る点で異なる。「ちっちゃくて（狭くて）かわいい」というように、小さい（狭い）ことを好ましく思っている響きがある。

We only have one child, so we just need a **little** house.
うちは一人っ子だから、小さな家さえあればいい。

❺ compact こぢんまりした、小型の

小さなスペースに、ものがぎっしり詰まった状態を表わす。compact battery（小型バッテリー）や compact kitchen（小型キッチン）など、小さくても中に機能や部品が詰まったものに使われることが多い。compact camera（小型カメラ）のように、「小さくて便利、経済的」というポジティブな意味合いがある。

He drives a **compact** car that's easy to park in the city.
彼は街で駐車するのが簡単な小型車を運転している。

5
（仕事などが）重い、きつい

burdensome / demanding / heavy / oppressive / troublesome

基本例文 ▶ **This responsibility is heavy.** （この責任は重い）

大げさな言い方
- oppressive
- demanding
- 基準となる形容詞 heavy
- burdensome
- troublesome

控えめな言い方

❶ oppressive　重苦しい

　心に負担となるほどの重苦しさを感じる時に使う。oppressive air（重苦しい空気）や oppressive working conditions（過酷な労働環境）など、非常に抑圧的で不快なニュアンスがある。ほかに oppressive summer heat（うだるような夏の暑さ）や oppressive silence（息が詰まるほどの沈黙）といった、さまざまな堪え難い物事に対して用いられる。

I have no energy in this **oppressive** heat.
こんなうだるような暑さでは力も出ない。

❷ demanding　過酷な

　仕事などがあまりにもきつく、過酷に感じるような時に使う。demanding

sport（過酷なスポーツ）や demanding task（むずかしい仕事）など、かなりの努力を要する意味合いがある。元の語が demand（要求する）であるように、人に対して He's demanding. といえば、「彼は要求が多い→人に厳しい」という意味になる。

> I like being a doctor, but it's very **demanding**.
> 医者の仕事は好きだけど、とても過酷だ。

❸ heavy　重い

重量の重さだけでなく、程度の激しさや気分の重苦しさなども表わす。heavy work（きつい仕事）や heavy atmosphere（重苦しい雰囲気）のように、幅広くさまざまなものに用いる。あるものの量や程度が多いだけでなく、それによってきつい、つらいなど、ネガティブな感情を含む場合もある。

> She has a **heavy** class schedule this year, so she's always studying.
> 彼女は今年授業のスケジュールがきついので、いつも勉強している。

❹ burdensome　負担となる

仕事などが大変で、わずらわしく感じるような場合に用いる。burdensome task（面倒な仕事）や burdensome debt（重くのしかかる負債）など、生じた心の負担をネガティブに感じるニュアンスが強い。

> They didn't want any **burdensome** tasks.
> 彼らは面倒な仕事をやりたがらなかった。

❺ troublesome　やっかいな

ちょっとした問題を面倒に感じる場合に使う。troublesome problem（やっかいな問題）や troublesome rumors（迷惑なうわさ）のように、比較的さいな物事に対して使う。

> It's **troublesome** to create a new account for every website I use.
> 利用しているサイトすべてに新しいアカウントを作るのは面倒だ。

6
軽い

chintzy / flimsy / light / lightweight / weightless

> 基本例文　**This printer is light.** （このプリンタは軽い）

批判的な言い方
- chintzy
- flimsy
- light　← 基準となる形容詞
- lightweight
- weightless

客観的な言い方

❶ chintzy　安っぽくてペラペラな

　品質が悪く、「安っぽくてペラペラな」というイメージの語。ケチでしみったれたことを揶揄する。普通に「軽い」と評価するのを通り越して、「軽すぎる」→「ケチくさい」「ちゃちな」と非難するニュアンスが強い。日本の辞書には chintzy の用例はあまり載っていないようだが、ネイティブは chintzy signboard（安っぽくてペラペラな看板）など、吹けば飛ぶようなものを表現するのに使う。

The wind blew my **chintzy** car over on its side.
その風で私のちゃちな車がひっくり返された。

❷ flimsy　薄っぺらな

　flimsy paper（薄いペラペラの紙）のように、薄っぺらで重みを感じないも

のを表わす。flimsy argument（薄っぺらな議論）や flimsy evidence（説得力のない証拠）など、「薄っぺらで壊れやすい」「説得力がない」といったネガティブな意味合いで用いられることが多い。

That **flimsy** paper bag won't hold these heavy pots.
あの薄い紙袋ではこの重いポットを入れられないだろう。

❸ light 軽い

もっとも一般的に、さまざまなものの軽さを表わす語。light overcoat（軽い上着）のように、実際の重さが見かけや標準よりも軽い場合に用いる。そのため「思っていたより軽い」というイメージになる。light にはほかに light athletics（軽い運動）や light novel（娯楽小説）、light sentence（軽い刑）など、「厳しくない、負担の少ない、軽妙な」といった響きもある。

My cell phone is really **light.** I sometimes forget I'm carrying it.
私の携帯はとても軽い。持っていることすら忘れてしまうこともある。

❹ lightweight 軽量の

重量の軽さを客観的に表現した語。lightweight aircraft（軽量飛行機）や lightweight class（軽量級）のように、標準的なものよりも軽いことを表わす。口語で人に対して使う場合、「軽薄な」というニュアンスもある。

This tent is **lightweight**, so you can take it anywhere.
このテントは軽いから、どこでも持っていけるよ。

❺ weightless 重さのない

重量自体がまったく感じられない、無重力の状態を表わす。weightless environment（無重力環境）など専門用語で使われることが多く、感情を込めず客観的に使われる。

I feel almost **weightless** in the pool.　プールの中ではほとんど重力を感じない。

7
高価な

expensive / exorbitant / pricey / priceless / valuable
基本例文 She has an expensive ring. （彼女は高価な指輪を持っている）

批判的な言い方
- exorbitant
- pricey
- expensive （基準となる形容詞）
- valuable
- priceless

好意的な言い方

❶ exorbitant 法外な

　主観的なニュアンスの入った語で、価格がそのもの本来の価値よりも高すぎると感じる時に用いる。その価格設定により、誰かが利益を得ようとしているのを勘ぐるようなネガティブな響きを含む。そのため、この単語を使うことで、自分がその価格に対して批判的であることが相手にも伝わる。

　I won't pay these **exorbitant** fees.　こんなに法外な手数料は払えない。

❷ pricey 値が高い

　price に由来する語で、口語的な表現として使われる。「値段が高い分、品質やデザインがいい」というニュアンスもある。くだけた表現だが、too pricey（高すぎる）もネイティブはよく口にする。

This restaurant is a bit **pricey**.　このレストランは少し値が張る。

❸ expensive　高価な

　ものの値段を高く感じる時に使うもっとも一般的な語だが、自分の予算に比べて高い時、また品質が価格に見合っていない場合にも用いる。そのためたとえ正当な価格でもやや批判的なニュアンスが含まれ、その点が **costly**（［高品質または希少であるため］高価な）とは異なる。値段交渉の際よく使うThat's too expensive.（高すぎるよ）は、相手の価格設定に対する不満を表わす。

He took his wife to an **expensive** restaurant for their anniversary.
記念日に彼は妻を高級レストランへ連れて行った。

❹ valuable　貴重な

　valuable antique（貴重なアンティーク）のように、金銭的な価値が高いことを表わす。ただし品物以外に用いる場合、valuable advice（有益な助言）や valuable clue（貴重な手がかり）のように、有用性の高さを表現する。**precious** もほぼ同義だが、こちらは高価なだけでなく「美しい」というニュアンスも含む。

Health is more **valuable** than money.　健康はお金より貴重だ。

❺ priceless　値段の付けられない

　price + 接尾辞 -less（…のない、…しえない）で、priceless（お金では買えない価値がある）となる。expensive や valuable を超えた「値段が付けられないほど高価（貴重）な」額を表わす。priceless gift（お金では買えない才能）や priceless information（非常に貴重な情報）のように、「重要だ」というニュアンスもある。

My mother's heirloom is **priceless** to me.
母の家宝は、私には値段が付けられないほどのものだ。

8
安い

cheap / cut-rate / dirt cheap / low / reasonable

基本例文　**That shop has cheap price.**
（あの店は安い）

大げさな言い方
- dirt cheap
- cut-rate
- 基準となる形容詞　cheap
- low
- reasonable

控えめな言い方

❶ dirt cheap　バカに安い

　おもに口語で使われる語で、安さをかなり強調した表現になる。buy dirt cheap（バカに安い値段で買う）や dirt-cheap fare（激安運賃）など、途方もなく安いことを大げさに表わす。名詞を修飾して使われる際は dirt-cheap と表記し、同形の名詞は、「掘り出し物」という意味になる。

I bought a **dirt-cheap** bicycle yesterday.
昨日、激安の自転車を買ったんだ。

❷ cut-rate　特価の

　cut + rate の造語で、**cut-price** もほぼ同義の語である。cut-rate goods（特価品）や cut-rate price（安売り価格）のように、本来の価格よりも大幅に値

下げした場合に使う。cut には「切り詰めた、削減した」などのネガティブな意味合いがあるため、cut-rate も品質が悪いイメージがある。

I had business cards made at a **cut-rate** price.
特別価格で名刺を作ってもらった。

❸ cheap　安い

ただ単に「価格が安い」だけでなく、見た目や品質が「安っぽい」「ちゃちな」「取るに足らない」など、否定的なイメージのある語。cheap novel（三文小説）や cheap edition（廉価版）などといい、人に対して使うと「ケチ、せこい」という意味になる。

The suit was **cheap**, so I don't mind that it only lasted a few years.
そのスーツは安かったから、数年しかもたなかったのも仕方ないと思う。

❹ low　想定よりも安い

想定や標準より価格が安い時に用いる。そのため low cost（低費用）や low price（低価格）には、その安さを好意的に受け入れるニュアンスがある。low はほかにも、さまざまなものの「低さ」を表わす。

The prices are **low** but the quality is good.
価格は低いが、品質はいい。

❺ reasonable　高くない、手頃な

「（思考や行動などが）道理に合った、正当な」という意味もあることから、値段に対して使うと「価格の割に公平である、平均よりも少し安い」という肯定的な意味合いになる。「納得がいく」という含みから、reasonable price で「手頃な値段」、reasonable person で「分別のある人」、reasonable excuse で「もっともな言い訳」、reasonable weather で「まあまあの天気」となる。

These shoes were very **reasonable**.
この靴はとてもお手頃だった。

9
良い

excellent / fine / good / great / okay

基本例文 **Her speech was good.** (彼女のスピーチは良かった)

大げさな言い方
- excellent
- great
- good ← 基準となる形容詞
- okay
- fine

控えめな言い方

❶ excellent 優秀な

人やものに対して、そのすばらしさをたたえる際に使う最高級のほめ言葉。excellent employee（有能な社員）や excellent bargain（掘り出し物）など、成績や評価、健康状態などが飛び抜けて良い場合に用いる。

The service in first class was **excellent**.
ファーストクラスのサービスはすばらしかった。

❷ great すばらしい

品質の良さを表わすだけでなく、「大きい、多い、長い」などの意味もある非常に使い勝手のいい語。「偉大な、すぐれた」という主観的なニュアンスも含む。人やものだけでなく、時間や距離などさまざまなものに用いる。そのた

めネイティブは会話でも多用し、That's great!（それはすばらしい）や You are the greatest.（きみは最高だよ）など、ほめ言葉でよく耳にする。

Thank you, you did a **great** job.　ありがとう、よくやってくれた。

❸ good　良い

　もっとも一般的な「良い」を表わす形容詞で、That's good.（それはいいね）や Sounds good.（いいねえ）など日常的に使われる。ただしネイティブは、「ほかと比べて悪くない、平均値である」という意味合いでもよく使う。good だからといって、必ずしも「良い」ではないことを覚えておきたい。**nice** も同義の形容詞だが、点数などの結果を表わす際に使えない点が good とは異なる。

His parents were happy he got **good** grades in school.
彼が学校でいい成績を取ったので、両親はうれしそうだった。

❹ okay　大丈夫

　あくまでも「満足できる程度である」ことを表わし、「良い」わけではない。たとえば How are you doing?（元気？）と聞いて I'm okay. といわれたら、それは「元気だよ」ではなく「まあまあかな」くらいのニュアンスになる。「大丈夫」という意味で okay を使えば、ネイティブの感覚に近づくだろう。

I feel **okay**, but not great.
ものすごく元気というわけじゃないけど、まあまあだよ。

❺ fine　そこそこ良い

　fine は日本語では「良い」という訳語があてられることが多いが、実際は「とりあえずいい」「そこそこ良い」くらいの意味合いだ。そのため That'll be fine.（いいですよ）や That's fine with me.（それで結構です）のように、当たり障りのない受け答えで使われることが多い。どちらかというと「問題ない」に近い意味合いのため、あまりほめ言葉にはならない。

Is everything **fine** with your mother?　お母さんは大丈夫？

10
悪い

awful / bad / inferior / substandard / terrible

基本例文　**The quality is bad.** (その品質は悪い)

大げさな言い方
- terrible
- awful
- bad ← 基準となる形容詞
- inferior
- substandard

控えめな言い方

❶ terrible　最悪な

「悪い」を表わす形容詞の中で、もっとも強く感情が表われた語といえる。ただ悪いだけでなく、「おそろしい、怖い、ひどい、つらい」といった感情をともなう。terrible at ... で「…がひどく下手」となり、terrible at driving（運転がおそろしく下手）や terrible at English（英語がひどく下手）などと使う。ほぼネガティブな文章でのみ用いられるといっていいだろう。

I made a **terrible** mistake, and I want to apologize.
最悪な間違いをしてしまったので、謝罪したい。

❷ awful　ひどく悪い

程度が悪いことをさらに強調する場合に使い、bad よりも悪いことを意味す

20

る。しかし terrible よりは丁寧な印象になる。散文や詩などで用いられると、「畏怖の念を起こさせるような、荘厳な」という意味にもなる。ネイティブは「ものすごく、ひどく」の強調表現として、頻繁に会話で用いる。

I have an **awful** headache.　ひどく頭が痛い。

❸ bad 悪い

広くさまざまなものの質や状態、感情などの「悪さ」を表わす。good の反意語で、「悪い」という意味ではもっとも一般的な語。bad at ... だと「…が下手」、the bad と名詞として使うと「悪人、悪事」となる。Your dancing is bad!（きみのダンス、カッコいいね！）のように、時にネイティブはスラング的に bad を「良い」の意味で用いることもある。

The manager was fired after the baseball team's **bad** season.
その野球チームが最悪のシーズンを終えたあと、監督は解雇された。

❹ inferior 下等の

何かと比べて、より劣ったものを指す。inferior complex（劣等感）や inferior quality（低品質）のように、品質や地位、能力などがほかと比べて低いことを表わす。inferior belly（下腹）など、体の「下の部位」を表わす医学用語としても用いる。

It's very cheap, which in this case means the quality is **inferior**.
それがとても安いのは、この場合、品質が劣ることを意味する。

❺ substandard 標準以下の

基準と比べて劣る場合、また低水準の場合に用いる。substandard product（標準以下の製品）や substandard care（低水準の看護）など、基準となるレベルよりもある程度低いことを表わす。

This report shows **substandard** work.
この報告書は標準以下だ。

11
熱い、暑い

burning hot / hot / red hot / toasty / warm

基本例文 ▶ **That iron is hot.** （あのアイロンは熱い）

大げさな言い方
burning hot
red hot
基準となる形容詞 ▶ hot
toasty
warm
控えめな言い方

❶ burning hot　焼けるように熱い

　burning 単独でも、burning thirst（激しい乾き）や burning eye（情熱的なまなざし）のように、燃えるほど熱い状態を示す形容詞として用いるが、叙述用法では burning を副詞的に用いて burning hot となる。舌がやけどしそうなほど熱い飲み物を形容するのに最適だ。似た表現に **boiling hot**（うだるほどの暑さ）もあるが、burning hot は「焼けつくほどの暑さ」で、より高温となる。

Be careful with that frying pan —it's **burning hot**.
そのフライパンに気をつけて、燃えるように熱いよ。

❷ red hot　真っ赤に焼けた、熱烈な

　red という語を使うことからもわかるように、高温のあまり「赤く」なって

いる様子を表わす。「最新の、猛烈な、セクシーな」という意味もあり、red-hot news（最新ニュース）や red-hot growth（猛烈な急成長），in a red-hot passion（ひどく興奮して）などの言い回しがある。似た表現に **white hot**（白熱の、熱烈な）もあるが、white より red のほうがより熱いと考えられる。Red Hot Chili Peppers というバンド名は、red hot の「激しくセクシーな」ニュアンスをいかしたものだろう。あとに名詞をともなう場合は red-hot とハイフンを入れて使うが、通常は red hot の表記が一般的だ。

The coals in the barbecue are **red hot**.
バーベキューの炭が真っ赤に燃えている。

❸ hot 熱い、暑い

温度の「熱さ」や気温の「暑さ」など、一般的な熱の高さを表わす。「できたての、最新の、人気のある、怒りっぽい」という意味もあり、hot news（最新情報）や hot blood（短気）などのように用いる。

I like a nice **hot** cup of cocoa in the winter.
冬は風味の良い熱いココアが好きだ。

❹ toasty 暖かく快適な

食べ物の toast（トースト）が元となった語で、「トーストのようにほかほかした」から転じて、「快適なちょうど良い温度」を指す。そのため、気温が「暑い」時に toasty を使うと不自然に聞こえる。

It's **toasty** by the fireplace.　暖炉のそばは暖かくて気持ちがいい。

❺ warm 暖かい、温かい

ポジティブな意味合いの語で、聞き手に心地良い温かさ、優しい雰囲気を感じさせる。ものだけでなく、人柄や心の温かさも表わし、warm welcome（温かい歓迎）や warm friend（親友）などと用いる。

These mittens are **warm**.　この手袋は暖かい。

12
冷たい、寒い

chilly / cold / cool / freezing / frosty

基本例文 It's hot outside, but it's cold inside.
（外は暑いが、室内は冷えている）

大げさな言い方
freezing
frosty
cold　← 基準となる形容詞
chilly
cool
控えめな言い方

❶ freezing 凍るような

　凍ってしまうくらい冷たい、寒い状態を表わす。cold が「（普通に）冷たい、寒い」状態を指すのに対し、freezing は凍ってしまうほど、ひどく寒い場合に使う。似た言葉に **frozen** があるが、これは freezing からさらに状態が進行し、「寒さで凍った」「氷結して機能が停止した」状態を表わす。

　In **freezing** temperatures, it's especially important to stay dry.
　凍るような気温では、湿気を防ぐことが特に重要だ。

❷ frosty 霜のおりた

　元の語が frost（霜）であることから、凍る１歩手前の霜で覆われる程度の冷たさを表わす。frosty air（凍てつく空気）のように温度の冷たさを表わすだ

けでなく、frosty relationship（冷ややかな関係）のように冷淡な様子も表わす。

Frosty weather signaled the beginning of winter.
凍えるような天候が冬の始まりを告げた。

❸ cold 冷たい、寒い

温度の低さを表わす、もっとも一般的な語。cold day（寒い日）や cold heart（冷ややかな心）など、気温や感情を表わす際はネガティブなニュアンスを含むが、ビールやアイスなど冷えているほうが喜ばれるものに対して使われる場合、ポジティブな意味になる。

It's going to be **cold** today, so be sure to wear your coat.
今日は寒くなるから上着を着なさい。

❹ chilly ひんやりした

cool のような心地良さはなく、cool よりも冷えた状態を指す。chilly look（冷ややかな表情）や chilly greeting（冷たい挨拶）など、「冷ややかな、ぞっとする」というネガティブなニュアンスで使われることが多い。

I wear an extra coat on **chilly** mornings.
冷える朝は余分に上着を着る。

❺ cool 涼しい

「冷たい」と訳してしまうと、語弊があるだろう。あくまでも「ほどよく冷たい」、つまり「ちょうどいい涼しさ」を表わし、適度な心地良い冷たさ、涼しさをいう。cool は快適な「涼しさ」だが、chilly になると快適ではない「寒さ」を感じ、さらに cold, frosty, freezing と進むにつれ冷たさが厳しくなり、ネガティブさも増していく。cool はさわやかでポジティブな印象を与える語のため、ネイティブは「カッコいい」という意味でも頻繁に用いる。

This **cool** breeze feels great.
このひんやりした風はすごく気持ちがいい。

まとめて覚えたい形容詞 ●1

13
簡単な

「簡単な」という表現も、「どのように簡単なのか」によって形容詞を使い分ける必要がある。もっとも一般的な語は easy で、この語は特にこれという特徴的なニュアンスもないため、使い勝手がいい。

下の表は、easy を中心として、上に行くにつれてよりフォーマルな表現に、下に行くにつれてよりくだけた表現となる。

形容詞だけでなく、「簡単なこと」という意味のくだけた名詞表現も紹介する。

フォーマルな言い方
elementary
straightforward
uncomplicated
painless
trouble-free
simple
easy　←基準となる形容詞
a breeze
a snap
a cinch
no sweat
a piece of cake
kids' stuff
くだけた言い方

26

「簡単な」と聞いて、日本人がすぐに思い浮かべるのは easy と simple だろう。
　easy と simple の違いは、easy は努力を必要とすることなく容易に感じる状態をいい、simple は単純で扱いやすいためにやさしく感じることをいう。カタカナの「シンプル」はおもに単純さを意味するが、あわせて「単純でやさしい」という意味合いも覚えておくといいだろう。

▶ elementary　初歩的な

This class will cover **elementary** principles.
この授業では初歩的な基礎を取り上げる。

▶ straightforward　単純な

The solution is very **straightforward**.
解決法はとても単純だ。
※「ストレートでわかりやすい、率直な」というニュアンス。

▶ uncomplicated　複雑でない

His instructions were **uncomplicated**, so most students understood.
彼の説明は簡単だったので、ほとんどの生徒が理解した。
※「複雑ではないから簡単だ」というイメージ。

▶ painless　たやすい

The application process was fairly **painless**.
その応用プロセスは造作もなかった。
※「痛みを感じない」→「造作もない」というイメージ。

▶ trouble-free　問題のない

We hope you enjoy **trouble-free** shopping.
問題なく買い物を楽しんでいただければと思います。
※「トラブルがない」→「スムーズな、円滑な」というイメージ。

▶ simple　単純な

Simple is best.
シンプルなのがいちばんだ。
※「単純でやさしい」というイメージ。

▶ easy　簡単な

It was **easy** to find your house with the map you gave me.
もらった地図のおかげで、きみの家を探すのは簡単だった。

▶ a breeze　たやすいこと

This homework is **a breeze** ── I can finish it right away.
この宿題は簡単だよ。すぐに終わらせられる。
※ That's a breeze. で「そんなの簡単だ」。口語で使われるフレーズ。

▶ a snap　楽な仕事

With the easy-to-follow instructions, making this bookcase will be **a snap**.
わかりやすい取扱説明書があれば、この本棚を作るのなんて簡単だよ。
※ It's a snap. で「わけないよ」。口語で使われるフレーズ。

▶ a cinch　朝飯前

It was **a cinch** to fix the broken shelf.
壊れた棚を修理するのなんて朝飯前だったよ。
※ It's a cinch. で「そんなのへっちゃらさ」。口語で使われるフレーズ。

▶ no sweat　楽勝

I've been playing quite well lately, so this game is going to be **no sweat**.
最近ずっと調子がいいから、この試合は楽勝だよ。
※ No sweat! で「心配無用！」「全然平気」。口語で使われるフレーズ。

▶ a piece of cake　余裕

I had studied so much that the test was **a piece of cake**.
すごく勉強したからそのテストは簡単だった。
※ It's a piece of cake! で「朝飯前だよ！」。口語で使われるフレーズ。

▶ kids' stuff　子供でもできるくらい簡単

He's an expert with computers; this program will be **kids' stuff** for him.
彼はコンピュータの専門家だから、こんなプログラムは超簡単だよ。

形容詞・豆知識● 1

複合形容詞 (compound adjective)

　2語以上の語がそのあとに続く名詞を修飾する場合、ハイフンでそれらの語をつなげて1語とした形容詞を compound adjective（複合形容詞）という。

　2つの語をつなげた複合語（foot+ball = football や under+cut = undercut など）はすでにおなじみだろうが、意味の曖昧さを避け、文脈を理解する助けとするため、特にアメリカ英語では複合形容詞がよく使われる。

　たとえば次のような文の場合、ハイフンがないと2通りの意味でとられてしまう。

・**small appliance industry**（小規模な電化製品製造業／小型電化製品の製造業）
　＊「電化製品製造業自体が小さい」と、「小型の電化製品を製造している産業」の2つの意味になる。

そこで複合形容詞を使えば、何の語が何を修飾しているかが明確になる。

→ **small-appliance industry**（小型電化製品の製造業）
　＊ small-appliance と1語にすることで、「小型電化製品」であることが明確になる。

複合形容詞の作り方にはいくつかパターンがある。その代表的な例を紹介しよう。

□ 数字と一緒になった複合形容詞　⇨ **24-hour** gym（24時間開いているジム）
□ 形容詞＋名詞の複合形容詞　⇨ **round-table** discussion（円卓会議）
□ 動詞＋形容詞の複合形容詞　⇨ **feel-good** film（心温まる映画）
□ 過去分詞と一緒になった複合形容詞　⇨ **middle-aged** woman（中年女性）
□ 現在分詞と一緒になった複合形容詞　⇨ **long-lasting** friendship（長く続く友情）
□ high- や low- と一緒になった複合形容詞　⇨ **low-end** models（低価格の機種）
□ 比較級や最上級と一緒になった複合形容詞　⇨ **higher-ranking** universities（上位の大学）
□ 色を表わす語と一緒になった複合形容詞　⇨ **dark-brown** hair（焦げ茶の髪）
□ 地理的な修飾語の複合形容詞　⇨ **the Anglo-Japanese** Alliance（日英同盟）
□ ハイフンが2つ以上ある複合形容詞　⇨ **up-to-date** style（最先端の流行）

　これらの組み合わせ以外にも例外的なものがあるし、ネイティブによってはハイフンを入れる／入れないで意見が分かれる場合もある。それこそ感覚的なものに近いのだが、日頃から雑誌などに目を通し、ネイティブがどのような言い回しで複合形容詞を使っているか、意識的に見てみるといいだろう。

1 「もの」に関する形容詞

14
むずかしい

challenging / complex / difficult / hard / impossible

基本例文 That's a difficult problem. (それはむずかしい問題だ)

大げさな言い方
- impossible
- hard
- difficult ←基準となる形容詞
- complex
- challenging

やや控えめな言い方

❶ impossible 不可能な

問題解決があまりに困難で、達成する見込みがまったくないような時に使う。「我慢ならない、手に負えない」の意味もあり、impossible child（手に負えない子供）や impossible dream（叶わぬ夢）などのようにも使う。

It will be **impossible** to finish this project by Friday.
このプロジェクトを金曜までに終わらせるのは不可能だろう。

❷ hard 労力を要する

difficult に比べてより口語的で、「つらい、厳しい」という感情的なニュアンスを含む。difficult が特別な知識や判断力を必要とするのに対し、hard は肉体的、精神的な労力を必要とする。そのため hard work（大変な仕事）のよ

うに、堪え難い響きがある。**tough** もほぼ同じようなニュアンスで使える。

> We had a **hard** time finding a good location for our factory.
> うちの工場を建てるのに適した場所を見つけるのは大変だった。

❸ difficult　むずかしい

　ある程度の努力をしなければ解決するのがむずかしく、またその解決には特別な知識や技術を必要とする場合に用いる。difficult customer（気むずかしい客）や difficult child（手の焼ける子供）のように、ただむずかしいだけでなく、「扱いにくい」「気むずかしい」という意味でも使われる。

> I know it's **difficult** to start a restaurant, but I think we can do it.
> レストランを開くのが大変なのはわかっているが、私たちならできるよ。

❹ complex　複雑な

　さまざまな要素が絡まり合って物事を複雑にし、その理解や解決にある程度の手間や知識を必要とする面倒な状態を表わす。一方、似た形容詞の **complicated** は complex よりもややくだけた語で、complicated machine（複雑な機械）のように、複雑なためにその理解や解決が困難なことをいう。

> We need everyone's help to solve these **complex** problems.
> この複雑な問題を解決するのに皆さんの助けが必要です。

❺ challenging　能力を必要とする

　元の語 challenge が「挑戦する」を意味するように、能力を試されるようなむずかしい問題にぶつかっても、それを打ち負かそうという期待感が込められた語。challenging problem（難解な問題）のような形で使われ、むずかしくてもそれに魅力ややりがいを感じて立ち向かう、非常にポジティブなニュアンスを示す。

> Although this book is **challenging** to read, it's very interesting.
> この本を読むのは大変だけど、非常に興味深いものではある。

15
おいしい

appetizing / delicious / scrumptious / tasty / wonderful

基本例文 ▶ **The food was delicious.** (その食事はおいしかった)

大げさな言い方
- wonderful
- scrumptious
- delicious ← 基準となる形容詞
- tasty
- appetizing

控えめな言い方

❶ wonderful　すばらしい

　ほめ言葉の wonderful は、食事をほめる表現としてもよく使われる。ただ「おいしい」と感想を述べるのではなく、驚くほどすばらしい料理や目新しい食材への感嘆表現として、口語で頻繁に用いられる。ほかに **excellent, great, terrific, fantastic** なども、食事に対するほめ言葉となる。

Everything was **wonderful**! I couldn't stop eating.
全部の料理がすばらしかった！ 食べるのをやめられないほどだったよ。

❷ scrumptious　ほっぺが落ちるほどおいしい

　おもに口語で使われる語で、「すごくおいしい」と料理のおいしさを強調した表現になる。scrumptious lunch（すごくおいしいランチ）や

scrumptious-looking ...（すごくおいしそうな…）などの言い回しもある。

Your wife's cooking is **scrumptious** —she should open her own restaurant.
きみの奥さんの料理はすごくおいしいね。自分のレストランを開くべきだよ。

❸ delicious とてもおいしい

食べ物の味の良さをほめる際の定番表現。食事以外に、delicious aromas（かぐわしい香り）や delicious breeze（気持ちのいいそよ風）など、香りや雰囲気をほめる語として使われる。delicious だけで「とてもおいしい」という意味なので、強調する時は very ではなく really を使う。

Thank you for dinner. It was really **delicious**.
晩ご飯、ごちそうさま。とてもおいしかったよ。

❹ tasty 味が良い

wonderful や delicious などが味だけでなく感動も含めた表現なのに対し、tasty は味付けに焦点を当てた表現となる。おいしさに対する感動はあまり感じられず、比較的客観的なニュアンスをもつ。前菜のように、軽くつまめるものに対して用いることが多い。

The food at that restaurant is **tasty**, but I've had better.
あのレストランの食事はおいしいけど、それよりおいしいものを食べたことがあるよ。

❺ appetizing 食欲をそそる

元となる名詞の appetizer に、「前菜」だけでなく「食欲をそそるもの」という意味があるように、appetizing は「見た目や香りによっておいしそうに感じられる、食欲が促される」ことをいう。そのため食べたあとではなく、食べる前の見た目や香りなどに対する感想として用いる。

The menu looks **appetizing**, but the actual food was terrible.
メニューはおいしそうだけど、実際の食事はひどかった。

16
まずそうな

edible / gross / inedible / nasty / unappetizing

基本例文　**Her cooking is unappetizing.**
（彼女の料理はまずそう）

大げさな言い方
- gross
- nasty
- unappetizing （基準となる形容詞）
- inedible
- edible

やや控えめな言い方

❶ gross　吐きそうなほどひどい

　味が悪いだけでなく、気分まで悪くなるような時に使う。しかも程度としては nasty よりひどく、思わず吐き気をもよおしたり、尻込みしてしまうほど気持ちが悪いニュアンスがある。gross mistake（目も当てられないようなミス）や gross eater（悪食家）など、食べ物としては最悪に近い表現として使われる。

> The food was so **gross** that I couldn't eat one bite.
> その食べ物はあまりに気持ちが悪かったので一口かじることもできなかった。

❷ nasty　気分が悪くなるほどまずい

　嫌悪感を込めてまずさを表現する時に用いる。そのため食べ物以外に使うと、

nasty weather（嫌な天気）のように「荒れ模様の、たちの悪い」という非常にネガティブな表現になる。「悪い」を表わす **terrible** や **awful** もほぼ同義で使えるが、**bad** だけは異なる。食べ物に **bad** を使うと、「まずい」よりも「腐っている」と取られることが多いので注意したい。

I made some salad dressing, but it tasted **nasty.**
サラダのドレッシングを作ったが、ものすごくまずかった。

❸ unappetizing　まずそうな

　見た目や匂いがまずそうで、食欲をそそらない時に用いる。It's unappetizing.（まずそう）や、appetizing（おいしそう）を否定した It's not very appetizing.（あまりおいしくなさそう）という表現は、日常的によく使う。

The food at his restaurant looked **unappetizing.**
彼のレストランの食事はまずそうだった。

❹ inedible　食用に適さない、食べられない

　この語は2つの状況で使われる。1つは It's inedible.（食べられやしない）のように味がまずい場合、もう1つは毒が入っていたりして食用に適さない場合に使われる。inedible raw で「生では食べられない」→「加熱用の」となる。

He tried hard to cook a good meal, but it was **inedible.**
彼は一生懸命おいしい食事を作ろうとしたが、まずくて食べられない代物だった。

❺ edible　食用に適する

　「(毒性がないので) 食べられる」「食用の」という意味で、**edible dye**（食用色素）のように使われる。そこから、料理の味に使うと、「どうにか食べられる、食べられなくはないがおいしくない」という意味合いになる。

The food at that restaurant was **edible**, but I won't go there again.
あのレストランの食事は食べられないこともないが、もう二度と行きたくはない。

17
しょっぱい

briny / brackish / kind of salty / salty / slightly salty

基本例文 ▶ **This soup is salty.** (このスープはしょっぱい)

大げさな言い方
- briny
- brackish
- 基準となる形容詞 ▶ salty
- kind of salty
- slightly salty

控えめな言い方

❶ briny 塩辛い

名詞の the briny が「海」を意味するように、海水のように塩辛いことを表わす。briny air (潮風) や briny olives (塩辛いオリーブ) など、かなり塩分が高い状態を指し、文脈によっては食用に適さないほどの塩辛さも表わす。

Almost nothing can live in this briny water.
この塩水ではほぼどんな生物も生きられない。

❷ brackish 塩分の強い

「まずい、不快な」という意味もあるように、塩気が強くてまずい状態に用いる。brackish soup (塩味の強いスープ) や brackish butter (塩味のきいたバター) など、かなり塩分が強いことを表わす。ほかに brackish lake (塩

水湖）など、生物学用語としても使われる。

That soup was a little too **brackish**.　あのスープはかなりしょっぱかった。

❸ salty　しょっぱい

　元となる語 salt（塩）の形容詞で、しょっぱさを表わすもっとも一般的な語。ただし、ほどよい塩加減から塩辛いまで幅広く使うことができるため、しょっぱすぎる場合には too salty と強調する。食べ物以外で使う場合は、salty wit（辛辣なウィット）のように、「辛辣な、きわどい」という意味になる。ちなみに salted は「塩で味を付けた」という意味のため、味覚表現としては使えない。

If the soup is too **salty**, you could add some water.
スープがしょっぱくなりすぎたら、水を足すといい。

❹ kind of salty　多少しょっぱい

　口語でものの程度を表わすのに便利なフレーズが kind of ... だ。形容詞にプラスすることで「ある程度、多少」などと表現を和らげることができ、ネイティブは会話で頻繁に使う。slightly と比較すると、kind of ... のほうがやや程度が大きい。salty に付け足せば、「多少しょっぱい」の意味が表現できる。

I'm hungry for something **kind of salty** like crackers.
クラッカーみたいにちょっとしょっぱいものがすごく食べたい。

❺ slightly salty　少ししょっぱい

　副詞 slightly は「わずかに、やや」と、ごく軽い程度を表わす際に用いる。kind of ... と同様に、微妙な表現を伝えるのに適していて、slightly bitter（ほろ苦い）や slightly drunk（ほろ酔いになる）など、うまく使いこなせば表現の幅が広がる。It's slightly salty.（適度な塩加減でおいしい）など、この１語を添えるだけで印象が和らぎ、好意的なニュアンスになる。

It's **slightly salty**, but you may want to add more salt.
適度な塩加減でおいしいけど、もう少し塩気を足してもいいかもね。

1　「もの」に関する形容詞

18
（味が）薄い

blah / bland / flat / flavorless / tasteless

基本例文 The dinner was bland. (夕食はもの足りない味だった)

客観的な言い方
- tasteless
- flavorless
- bland ←基準となる形容詞
- flat
- blah

主観的な言い方

❶ tasteless　味のない

薄さを通り越して、ほとんど味を感じないくらい薄い味付けに対して用いる。食べ物以外に使う場合は、tasteless joke（品のない冗談）や tasteless decoration（趣味の悪い飾りつけ）のように「無風流な、趣味のよくない」という意味にもなる。

My cooking always comes out tasteless.
私が作る料理はいつも味が薄くなってしまう。

❷ flavorless　風味のない

taste が一般的な味を表わすのに対し、flavor はそのもの特有の味わいや風味を指す。その flavor に打ち消しの接尾辞 -less が付いた flavorless は、ただ「味

がしない」というよりは、「風味がない、味気ない」と、そのもの自体の味わいがないことを表現する。

This white bread is totally **flavorless**.
この白パンはまったく風味がない。

❸ bland　味が薄い、味が足りない

同義語の **light** が良い意味での「さっぱりした味」を指すのに対し、bland は「さっぱりしすぎて何かもう1つ足りない」場合に用いる。ただ「味が薄い」というよりは、「淡白でもの足りない」イメージがある。bland man（凡人）や bland answer（月並みな答え）という言い回しもあるように、個性がなさすぎてつまらないというニュアンスで使う。

I heard that English food is **bland**, but London has several nice restaurants.
イギリスの食事は味がもの足りないと聞いたが、ロンドンにはいいレストランが何軒かある。

❹ flat　味気ない

本来「平らな状態」を指すことから、「元気のない、不活発な」など、動きのない平坦な状態を表わす。flat battery（切れた電池）や flat beer（気の抜けたビール）など、ややネガティブなニュアンスが感じられる。食べ物に対して用いると、味にめりはりがなく、もの足りなく感じる様子をいう。

This pizza tastes **flat**. It needs some spice.
このピザは味がもの足りない。ちょっとスパイスがいるね。

❺ blah　味を感じない

本来面白くないことやつまらないことを表わすが、食べ物に対して使うと、「味が感じられない、つまらない味」といった意味になり、ほぼ味付けがされていないような状態をいう。

The hospital food just tastes **blah**.
その病院食はまったく味がしない。

19
甘い

a little sweet / saccharine / slightly sweet / sugary / sweet

> 基本例文　**I don't eat very much sweet food.**
> （私は甘いものをあまり食べない）

大げさな言い方
- saccharine
- sugary
- sweet　←基準となる形容詞
- a little sweet
- slightly sweet

控えめな言い方

❶ saccharine　ものすごく甘い

　元々 saccharine とは人工甘味料のことで、そこから「（サッカリンのように）甘すぎる、甘ったるい」とやや批判的な意味で使われる。saccharine voice（甘ったるい声）など人の態度や言葉に用いるほか、saccharine music（甘く感傷的な音楽）のように「感傷的な甘ったるさ」を意味する場合もある。

I didn't trust her **saccharine** smile.
彼女の甘ったるい微笑みを信用しなかった。

❷ sugary　甘ったるい

　普通に「甘い」というより「甘ったるい」に近く、やや過度な甘さを指す。味覚的な甘さを表現するだけでなく、sugary words（甘い言葉）のように言

葉などが「甘ったるい」、思い出などが「(甘くて) 感傷的な」という意味でも使われる。そこから「過度に愛想の良い、お世辞たらたらの」というやや批判的な意味合いで用いられることもある。

I won't buy **sugary** cereals.　甘ったるいシリアルは買わない。

❸ sweet　甘い

ほどよい甘さを表わす、もっとも一般的な語。味覚の甘さだけでなく、「香りのよい、気持ちよい、甘美な」といった、さまざまな良い意味で用いられる。sweets と複数形にすればそのまま「甘いもの」を指し、the sweets なら「快楽」という意味になる。

I think American desserts are too **sweet**.
アメリカのデザートは時に甘すぎることがあると思う。

❹ a little sweet　ちょっと甘い

a little ... で「ちょっと…」とわずかな程度を表わすことができる。slightly などと同じく、軽い程度を表わすのにネイティブはよくこの表現を使うので、ぜひ覚えておいてほしい。slightly sweet がごくわずかに甘いのに対し、a little sweet はそれより甘みを感じる状態を指す。a little ... ＞ slightly ... という感覚になる。

This beer is **a little sweet**.　このビールはちょっと甘い。

❺ slightly sweet　ほのかに甘い

副詞 slightly で、「わずかに、少し」というニュアンスを添える。slightly sweet で「ほのかに甘い、甘さ控えめ」という意味で好印象になるため、最近流行りの「甘さ控えめ商品」に対する形容として、頻繁に用いられている。反対に、sickly を用いて sickly sweet という場合、「(胸がむかつくほど) 甘ったるい」とネガティブな言い方になる。

The water has a **slightly sweet** taste.　その水はほのかに甘い味がする。

20
辛い

burning hot / hot / slightly spicy / spicy / zesty

基本例文 → **The pizza was spicy.** (そのピザはスパイシーだった)

大げさな言い方
burning hot
hot
基準となる形容詞 → spicy
slightly spicy
zesty
控えめな言い方

❶ burning hot　強烈に辛い

burning で「激しい、強烈な、燃えるような」という意味があるため、burning hot で「強烈に辛い」となり、まさに「口から火が出そうな辛さ」を表わす。hot は気候や温度に対しても使い、温度のことであれば「燃えるように熱い」、気候であれば「焼けつくような暑さ」となる（☞ 22 ページ参照）。

That Indian restaurant has some curries that are really **burning hot**.
あのインド料理の店には強烈に辛いカレーが何種類かある。

❷ hot　辛い

味覚の「辛さ」だけでなく、温度の「熱さ」、気候の「暑さ」にも用いられる。spicy が「スパイスが効いた辛さ」であるのに対し、hot は「体が熱くなるよ

うな辛さ」となる。spicy のほうがより複雑な味わいを表現する。

Do you like **hot** food? 辛い食べ物は好き？

❸ spicy 刺激が強くて辛い

　spice（香辛料）の形容詞であるように、香辛料の効いたほどよい辛さを指す。ただ「辛い」というよりは、「刺激的な」感覚が強く、より複雑な味わいを表わす。そこから、ワインなどの「辛口」を指す場合は、hot ではなく spicy を使って表現する。

I was surprised that the Mexican food wasn't so **spicy**.
そのメキシコ料理がそれほど辛くないのに驚いた。

❹ slightly spicy ちょっと刺激的な

　控えめな辛さを表現するには、slightly を用いるといい。slightly spicy で「ちょっと辛い」程度のわずかに刺激的な風味を表わす。特にネガティブな響きもないので、非常に使い勝手のいい語といえる。

My friend likes tabasco sauce to make her food **slightly spicy**.
友人は食べ物を少し辛くしたくて、タバスコをかけるのが好きだ。

❺ zesty ピリッとした

　わずかにピリッと刺激を感じるような時に用いる。味だけでなく、さまざまなものからちょっとした快い刺激を受けた際に使う。「活動的な、精力的な」というニュアンスもあり、比較的ポジティブな意味で使われる。

This yuzu dressing is **zesty**. I really like it.
このゆずドレッシングはピリッとしている。すごく気に入ったよ。

21
必要な

indispensable / mandatory / necessary / needed / required

基本例文   **A doctor's prescription is necessary.**
（医者の処方箋が必要だ）

大げさな言い方
- indispensable
- mandatory
- 基準となる形容詞 → necessary
- required
- needed

控えめな言い方

❶ indispensable　絶対必要な、不可欠な

　その人や物が、なくてはならないほど重要な場合に用いる語。indispensable condition（必須条件）や indispensable element（不可欠な要素）のように、必要不可欠で、それを欠くと何か支障をきたすほど大事な存在であることを意味する。反対語は dispensable（なくても済む、必ずしも必要ではない）。

A flashlight is **indispensable** when camping.
懐中電灯はキャンプに必要不可欠だ。

❷ mandatory　義務的な、強制の

　ほかに「命令の、指令を帯びた」という意味もあるように、自発的な意志で

はなく、規則や命令で何かを必要とする場合に用いる。**mandatory dismissal**（強制退去）や **mandatory education**（義務教育）など、法律や規則で用いられることが多いフォーマルな語。

The safety training is **mandatory** for all employees.
その安全教育はすべての従業員に義務づけられている。

❸ necessary　必要な

「必要な」という意味ではもっとも一般的な語だが、**indispensable** ほど「必要不可欠」ではなく、「あったほうがいい」程度のニュアンス。ネイティブがよく使う、**If it's necessary, I can ...**（もし必要であれば…できるよ）や **That's not necessary.**（結構です）などの言い回しは、その好例だろう。

A score of 80 or higher is **necessary** to pass this test.
このテストに合格するには 80 点以上が必要だ。

❹ required　必修の、必須の

特定の個人に限らず、社会全般として何かを必要とする場合に用いる。**required course**（必修講座）や **required documents**（必要書類）というように、法令や規則などで個人に対して必須と定められたものであることを表わす。

These subjects are **required** for your field of study.
あなたの研究分野ではこれらの科目が必修だ。

❺ needed　必要とされる

主観的ではなく、客観的に他者が必要とする場合に用いる。**... be needed**（…が必要とされる）の形で使われることが多い。強調する際は、**much needed rest**（本当に必要な休息）のように **much** をよく使う。

Let's determine what is **needed** for a successful event.
イベントを成功させるには何が必要かはっきりさせよう。

22
不要な

dispensable / gratuitous/ nonessential / optional / unnecessary

基本例文　**That report is unnecessary.**
（あのレポートは不要だ）

批判的な言い方
- gratuitous
- dispensable
- 基準となる形容詞　unnecessary
- nonessential
- optional

控えめな言い方

❶ gratuitous　無用の

　ただ不必要なだけでなく、それを余計なものと不快に感じるような場合に使う。gratuitous gossip（根も葉もないうわさ話）や gratuitous report（事実無根の報道）というように、「根拠のない、理由のない」という意味で使われることが多い。お金に関する話題で用いられる場合、gratuitous loans（無償融資）のように「無償の」という意味になる。

I'm tired of all the **gratuitous** violence on TV these days.
最近のテレビ番組の無用の暴力にはどれもこれもうんざりだ。

❷ dispensable　とるに足らない、なくても済む

　必ずしも必要ではないので、なくても困らない程度の時に使う。「重要では

ない、とるに足らぬもの」という意味合いでもあるので、言い方によってはややネガティブになり、対象を軽んじているように聞こえる。

Dispensable items should be thrown away to keep your room clean.
部屋をきれいにしておくために、なくても困らないものは捨てるべきだ。

❸ unnecessary　不要な

必要性をまったく感じず、「いらない」と判断できる場合に用いる。not necessary と unnecessary を比べると、not necessary はあくまでも「必要ではない」のに対し、unnecessary は「不要だ」と断言するニュアンスが強い。unnecessary expense（無駄な出費）や unnecessary talk（無駄話）のように、「なくてもいい、余計な、無駄な」と主観的な意味合いが含まれる場合もある。

It's such a small mountain—I think hiking boots are **unnecessary**.
その程度の低い山だから、ハイキング用のブーツはいらないと思う。

❹ nonessential　絶対に必要というわけではない

本来はなくても大丈夫なものに対して用いる語。unnecessary は「不必要なもの」であるのに対し、nonessential は「非本質的な、肝要ではない」つまり「絶対に必要というわけではない」という意味になり、「本質的に必要かどうか」が焦点となる。

Nonessential items should be removed.
絶対に必要というわけでないものは、処分するべきだ。

❺ optional　随意の、任意の

自由意志により選択が可能な場合に用いる。optional tour（オプショナルツアー）はすでにおなじみだが、optional contract（随意契約）や optional early retirement（任意早期退職）も、ビジネス用語として覚えておきたい。

A photographer will join us, so bringing your own camera is **optional**.
カメラマンが同行するので、自分のカメラを持参するかは任意だ。

23
豪華な

deluxe / extravagant / gaudy / luxurious / plush

基本例文　**We stayed at a deluxe hotel.**
（私たちは高級ホテルに滞在した）

批判的な言い方
- gaudy
- extravagant
- deluxe （基準となる形容詞）
- plush
- luxurious

好意的な言い方

❶ gaudy　けばけばしい

あまりに派手で下品さもある様子をいう。gaudy dress（派手で品のないドレス）や gaudy color（けばけばしい色）など、安っぽく目立っていることを揶揄する表現となる。

She wore gaudy jewelry she bought at the flea market.
彼女はフリーマーケットで買ったけばけばしい宝石を身につけていた。

❷ extravagant　ゴテゴテした

extravagant wrapping（飾り立てた包装）や extravagant wedding（豪勢な結婚式）など、ゴテゴテとやや装飾過多な様子を表わす。また extravagant life（贅沢三昧の生活）や extravagant spending habits（浪費癖）など、「無

駄に贅沢な」という意味合いがある。

His tastes are a little too **extravagant** for his low salary.
彼の趣味は給料の安さのわりに少し贅沢すぎる。

❸ deluxe 豪華な

豪華さを示すもっとも一般的な語で、deluxe edition（豪華版）や deluxe car（豪華な車）など、高級さや上品さも表わす。**fancy** もほぼ同義で、口語では特に「高級な、豪華な」というニュアンスで使われる。日本語の「ファンシー」は「空想的な」という意味しかないが、ぜひ覚えておきたい。

She lives in a **deluxe** apartment in Hollywood.
彼女はハリウッドにある豪華なマンションに住んでいる。

❹ plush 贅沢な

元はビロードの一種の plush（フラシ天）からで、「贅沢な、高価な、ハイカラな」とおもに口語で使われる。plush furniture（贅沢な家具）や plush interior（豪華な内装）のように、きらびやかなイメージを表現する。

He went to the **plush** restaurant yesterday.
彼は昨日その豪華なレストランに行った。

❺ luxurious 豪華絢爛な

一般的な豪華さをいう deluxe よりさらに「贅を尽くした」感があり、華やかさ、上品さも含んだ「豪華絢爛」なイメージになる。luxurious article（贅沢品）や luxurious house（豪邸）のように、必要性より道楽を目的としたものを指すことが多い。形容詞 **luxury**（贅沢な、高級な）も、ほぼ同様の意味合いで使われる。

He took his wife on a **luxurious** cruise around the world.
彼は妻を世界中を巡る豪華なクルーズ旅行に連れて行った。

24
粗末な

cheap / no-frills / run-down / shabby / simple

> 基本例文　**I went to a cheap cafe yesterday.**
> （昨日、安っぽいカフェに行った）

批判的な言い方
- run-down
- shabby
- cheap ← 基準となる形容詞
- no-frills
- simple

好意的な言い方

❶ run-down　荒れ果てた

ボロボロに荒廃した状態を表わす。run-down apartment（おんぼろアパート）や run-down commercial street（さびれた商店街）のように、かなり古くなり見捨てられたようなイメージを示す。ほかに feel run-down（疲労を感じる）など、疲れ果てた、体調が優れないといったニュアンスもある。

We stayed at a run-down hotel that even had fleas in the bed.
私たちはベッドにノミさえいる荒れ果てたホテルに滞在した。

❷ shabby　みすぼらしい

品質的に粗悪な場合、また古くて汚らしい状態を示す。shabby building（ボロボロの建物）や shabby suit（よれよれのスーツ）など、かなりくたびれた

状態を表わす。行為に対して用いる場合、shabby treatment（ひどい待遇）のように、「けちな、ひどい」という意味にもなる。

> He wore such **shabby** clothes that sometimes people felt sorry for him.
> 彼は、時に人が哀れに思うようなみすぼらしい服を着ていた。

❸ cheap　安い、安っぽい

想定よりも値段が安い時に用いる。cheap fuel（低価格燃料）など、単に値段についていうと「安くていい」という好意的な意味だが、時として cheap alcohol（安酒）のように、「品質が安っぽい」というネガティブなニュアンスになることもある。また He's so cheap. と人に使うと、「彼はケチだ」となる。

> This is a **cheap** restaurant, but the food isn't bad.
> ここは安っぽいレストランだけど、食べ物は悪くない。

❹ no-frills　余計なサービスのない

おもに口語で使われる言葉で、余計な付属品のない実用本位のものを表わす。「最低限必要なもののみ」という意味合いもあり、イメージ的には cheap の一歩手前といった感じ。no-frills airline（付加サービスのない格安航空会社）や no-frills hotel（付加サービスのない格安ホテル）など、付加価値がないかわりに低価格で提供するようなものに使われる。

> He bought a **no-frills** computer just to use the Internet.
> 彼はインターネットを使うためだけに余計な機能のないコンピュータを買った。

❺ simple　シンプルな

「簡単な、単純な」以外に「地味な、質素な」という意味もある。simple life（質素な生活）や simple dress（シンプルなドレス）など、「コテコテした装飾がなく質素なのがいい」と簡素さを好意的に受け取るイメージがある。

> I just need a **simple** telephone to make phone calls.
> ただ電話をかけるだけのシンプルな電話機がほしいんだ。

まとめて覚えたい形容詞 ● 2

25
多くの

　数多くのものを表わす表現をまとめてみよう。英語で「多くの」と言った場合、1つ2つと「数えられる名詞（可算名詞）」か、水やチーズの塊のように「数えられない名詞（不可算名詞）」かで、使えるフレーズが決まる。
　次の表は、「多くの」を表わす代表的な表現を、大げさなものから控えめなものまで並べたものだ。books は「可算名詞」を、water は「不可算名詞」を表わす。

大げさな言い方
mountains of (books / water)
tons of (books / water)
a countless number of (books)
billions of / millions of / thousands of / hundreds of (books)
loads of (books / water)
oodles of (books / water)
scads of (books / water)
heaps of (books / water)
scores of (books / water)
stacks of (books)
masses of (books / water)
基準となる形容詞 ▶ lots of (books / water)
基準となる形容詞 ▶ a lot of (books / water)
a large amount of (books / water)
a large number of (books)
plenty of (books / water)
numerous (books)

52

quite a lot of (books / water)
quite a few (books)
several (books)
控えめな言い方

　「たくさんの」を表わす形容詞というと、many や much を思い浮かべる日本人が多いが、ネイティブが実際に話し言葉で使う場合、a lot of や lots of, a large number of, **a great deal of** といったフレーズを頻繁に使う。
　可算名詞に使うもの、不可算名詞に使うものなどある程度の決まりはあるが、そのほかはニュアンスによって使い分ける。形容詞の使い方は人によってさまざまで、一概には言えないが、ネイティブがどのような感覚でその言葉を使っているかの目安にはなるだろう。

▶ mountains of (books / water)　山ほどの

I'd like to go to the party, but I've got **mountains of** work to do.
パーティに行きたいけどやらなくてはいけない仕事が山ほどあるんだ。
※ mountains of をさらに大きさに強調した **mountains and mountains of** という言い回しもある。

▶ tons of (books / water)　何トンもの、ものすごくたくさんの

I bought **tons of** used DVDs when the video rental store closed.
そのレンタルビデオ店が閉店した時、ものすごくたくさんの中古 DVD を買った。
※ ton（トン）という語から重さのみに使うと誤解されるが、さまざまな量の多さをオーバーに表現する。

▶ a countless number of (books)　無数の

A countless number of species are becoming extinct every year.
毎年、無数の種が絶滅している。
※ countless（数えられない）→ a countless number of ...（数えられないほどたくさんの）→「無数の」となる。

▶ billions of / millions of / thousands of / hundreds of (books)
何十億もの、何百万もの、何千もの、何百もの、たくさんの

It's sad, but there are **millions of** people who go hungry every day.
悲しいことだが、毎日飢えに苦しむ人が何百万人もいる。
※直訳だと billions of（何十億もの）, millions of（何百万もの）, thousands of（何千もの）, hundreds of（何百もの）となるが、いずれも「（ものすごく）たくさんある」というニュアンスになる。

▶ loads of (books / water)　たくさんの、どっさりの

I have **loads of** homework to do, so I can't go anywhere.
やらなきゃいけない宿題がどっさりあるからどこにも行けないんだ。
※ load（積み荷）が元の語で、口語的に使われる。

▶ oodles of (books / water)　たくさんの、どっさりの

He got **oodles of** candy on Halloween.
彼はハロウィーンにどっさりキャンディを手に入れた。
※元の語は oodles（多量、どっさり）で、スラング的に使われる。

▶ scads of (books / water)　かなりの

He's got **scads of** experience, so he'll have no problem with the job.
彼はかなりの経験があるので、その仕事に何の問題もないだろう。

▶ heaps of (books / water)　どっさりの、たっぷりの

While I was sick, I got **heaps of** emails that I now have to answer.
病気をしている間にどっさりメールをもらったから、今返事をしないと。
※ heaps は副詞で「非常に」、名詞で「かなりの数や量」を表わす。

▶ scores of (books / water)　何十もの、たくさんの

Scores of people were hurt in the riot.
その暴動で何十人もの人がケガをした。
※ score の語源は、かつて羊などを数える際 20 頭ごとに刻み目を入れたことで、そこから scores of で「何十もの」という数のニュアンスが生まれたようだ。

▶ stacks of (books)　山積みの

The doctor's office had **stacks of** magazines that nobody ever reads.
その医者のオフィスには、まだ誰も読んでいない雑誌が山積みになっていた。
※ stack で「積み重ねた山」という意味の名詞。

▶ masses of (books / water)　多量の

Masses of protesters gathered in front of city hall.
市役所の前に抗議する人たちが大勢集まった。
※元の語が mass（塊）であるように、大人数が一塊になった集団などに対して用いることが多い。

▶ lots of (books / water)　たくさんの

Lots of my friends now have smartphones.
今では多くの友人がスマートフォンを持っている。

※ many がフォーマルな表現なのに対し、a lot of と lots of は比較的くだけた表現となる。似た表現に、**lots and lots of**（ものすごくたくさんの）という強調表現もある。

▶ a lot of (books / water) たくさんの

Supermarkets have to throw out **a lot of** food every day.
スーパーでは毎日たくさんの食べものを捨てなくてはならない。

▶ a large amount of (books / water) 大量の

We wasted **a large amount of** time when we should have been working.
働いているべき時に、私たちはものすごくたくさんの時間を無駄にした。

▶ a large number of (books) たくさんの

A large number of people gathered to protest the decision.
その決定に抗議するために、大勢の人が集まった。

▶ plenty of (books / water) たくさんの

I have **plenty of** food for the next few weeks.
今後数週間分の大量の食糧がある。

▶ numerous (books) 多数の

That bookstore has **numerous** books about Japanese culture and history.
あの本屋には、日本の文化や歴史に関する本がたくさんある。

▶ quite a lot of (books / water) かなり多くの

With so many guests, she'll have to cook **quite a lot of** food.
そんなに大勢の客がいるなら、彼女は相当量の料理を作らなくてはいけないだろう。
※ **a considerable number/amount of** も同じく控えめな表現となる。

▶ quite a few (books) かなり多数の

She has **quite a few** books for someone so young.
彼女は若いのにかなりたくさん本を持っている。
※ **a fair number of** も同じく控えめな表現になる。

▶ several (books) いくつかの

We found **several** students who are willing to help.
私たちは喜んで手助けしてくれる何人かの生徒を見つけた。

1「もの」に関する形容詞

まとめて覚えたい形容詞 ● 3

26
少しの

「少しの」と言う場合も「多くの」と同じく、1つ2つと「数えられる名詞（可算名詞）」か、水やチーズの塊のように「数えられない名詞（不可算名詞）」かで、使えるフレーズが決まる。次の表は、「少しの」を表わす表現を、大げさなものから控えめなものまで並べたものだ。books は「数えられる名詞」を、water は「数えられない名詞」を表わす。

大げさな言い方
a meager supply of (books / water)
scarcely any (books / water)
next to no (books / water)
hardly any (books / water)
almost no (books / water)
(only) a handful of (books)
very few (books)
very little (water)
基準となる形容詞 ➡ a few (books)
基準となる形容詞 ➡ a little (water)
a small number of (books)
a small amount of (books / water)
a couple of (books)
控えめな言い方

▶ a meager supply of (books / water)　ごくわずかな

Because of the long drought, there's **a meager supply of** rice on the market.
長期の干ばつのため市場にはごくわずかな米しかない。

▶ scarcely any (books / water)　めったにない

There is **scarcely any** available land in central Tokyo.
東京の中心部には利用できる土地がめったにない。

▶ next to no (books / water)　ほとんどない

The train was so crowded there was **next to no** space to even stand.
その電車はとても混んでいたので、立つ場所すらほとんどなかった。

▶ hardly any (books / water)　極めて少ない

There was **hardly any** food in the house, so we had to go shopping.
家にはほとんど食糧がなかったので、私たちは買い物に行かなくてはならなかった。

▶ almost no (books / water)　ほとんどない

After paying all the bills, I had **almost no** money left until payday.
すべての請求書の支払いをしたら、給料日までほとんどお金が残らなかった。

▶ (only) a handful of (books)　一握りの

Only a handful of people have ever been to the moon.
一握りの人だけが月に行ったことがある。

▶ very few (books)　極めて少ない

That's a tough job, and there are **very few** people qualified to do it.
それは大変な仕事だから、それにふさわしい人はごくわずかしかいない。

▶ very little (water)　とても少ない

There's **very little** time left to apply, so you'd better hurry.
使える時間はわずかしか残っていないから、急いだほうがいいよ。

▶ a few (books)　少しの

It only takes **a few** rude people to spoil the atmosphere.
雰囲気を壊すにはごくわずかの失礼な人たちがいるだけで十分だ。

▶ a little (water)　少しの

I have **a little** space left for dessert.
デザートのために少しスペースを残しているんだ。

▶ a small number of (books)　わずかな

He has only **a small number of** friends, but they're very loyal friends.
彼にはわずかな友だちしかいないが、みんなとても誠実だ。

▶ a small amount of (books / water)　少量の

There's **a small amount of** flour left, but enough to make a cake.
少しの小麦粉しか残っていないが、ケーキを作るのには十分だ。

▶ a couple of (books)　2つの

There are still **a couple of** donuts left in the box.
箱の中にはまだドーナツが2つ残っている。

形容詞・豆知識 ❷

very と **really** のちがい

　日本人と英語で会話をすると、「とても」という強調表現として very をよく使うが、ネイティブは実際のところ会話では very よりも really をよく使う。very も really も、ともに同じ強調表現ではあるが、一般的に really はより口語的なニュアンスで使われている。
　2つの違いを、例を挙げて考えてみよう。

▶次の文で very と really を使った際の意味の違いは？

It's **very / really** cold in winter.

　日本語に訳せばどちらも「冬はとても寒い」となるが、英語本来のニュアンスは異なる。
　It's really cold in winter. の場合、really cold という発言が、話者の率直な感情として聞き手側に受け取られる。そのため意訳すれば、「冬はすごく寒いね」と、話し手の個人的な感情が非常にストレートに出た表現となる。
　一方、It's very cold in winter. は、really に比べやや客観的で、距離を置いたような言い方になる。そのため意訳すれば「（世間一般的に）冬はとても寒い」というニュアンスになり、very cold（とても寒い）という表現が「誰の感情なのか」が曖昧で、really cold より冷静な意見に聞こえる。
　もちろん話し手の感情も含まれるだろうが、世間一般論としての言い方とも、また「ものすごく寒いというよりは、とても寒いくらいのレベル」というやや抑えた言い方にも受け取れるのだ。
　このようなニュアンスは、really の元の語が real（本当の）であることから生じたという意見もある。really は「本当に、実のところは」といった「正直な感情」が含まれているため、ただの強調表現である very に比べてより個人が使うのにふさわしいのだ。
　そのため、冷静に意見をまとめる書き言葉では very を使うものの、会話のように個人の感情を表現する場合は really を多用する。そこから次のような文も可能となる。

I **very** much agree with you, in **very** strong terms. **Really**.

　意訳すると、「非常に強い言い方をすれば、きみとまったく同感だ。本当にね」という感じになるだろう。

27
不十分な

insufficient / lacking / meager / measly / wanting

基本例文 ▶ **Her effort is insufficient.** (彼女は努力が足りない)

批判的な言い方
- measly
- meager
- insufficient ← 基準となる形容詞
- lacking
- wanting

控えめな言い方

❶ measly わずかな

おもに口語で使われる、量の少なさを強調する語。本来、**measly tip**（わずかなチップ）のように、少ないことをあげつらう響きがある。ただし文脈によっては、**measly 100 calories**（たった100カロリー）というように、「少ないことを良し」とする意味合いも表現する。

He tipped a **measly** dollar.
彼はわずか1ドルしかチップを渡さなかった。

❷ meager 乏しい

必要とされる量に対して、かなり足りないと感じる時に使う。「貧弱な、やせ衰えた」という意味もあることから、**meager income**（わずかな収入）や

60

meager dinner（わずかばかりの夕食）というように、貧しくて困窮しているニュアンスを示す。

She can't eat out often on her **meager** salary.
彼女は給料がわずかなので、頻繁に外食をできない。

❸ insufficient 不十分な

理想とする量が念頭にあり、それに対して不足している時に用いる。insufficient assistance（不十分な支援）や insufficient evidence（証拠不十分）のように、現在の量に対する不満の響きがある。

The store's profits were **insufficient** to allow it to stay open.
その店の利益は営業を続けるには不十分だった。

❹ lacking 欠けた

本来あるべきものがなく、欠けていると思われる場合に用いる。lacking in determination（決断力に欠ける）や lacking in zeal（気迫に欠ける）など、対象にもの足りなさを感じ、満足していない様子がうかがわれる。

The facilities in this budget hotel are a little **lacking**.
この格安ホテルの設備はやや不足している。

❺ wanting 足りない

wanting in dignity（品がない）や wanting in courage（勇気がない）というように、本来必要なものが不十分で、足りないと感じる時に使う。measly や meager ほど批判的なニュアンスはないが、現状に不満であることは相手にも伝わる。... be found (to be) wanting は、「…が（満足いく）基準や目標に達していないとわかる」という言い回し。これはビジネスでも使うので、覚えておきたい。

The food was great, but the waiter's manners were **wanting**.
食事はすばらしかったのに、ウエイターのマナーが今ひとつだった。

1 「もの」に関する形容詞

28
便利な

convenient / functional / handy / nifty / useful

基本例文　**This tool is convenient.** (この道具は便利だ)

フォーマルな言い方
- functional
- useful
- convenient ← 基準となる形容詞
- handy
- nifty

くだけた言い方

❶ functional　機能的な

元の語が function（機能）であるように、機能的かどうかの実用面に焦点をあてた表現。functional architecture（機能的な建築）や functional beauty（機能美）のように、実用的で有効に機能が働き、役に立つイメージを示す。

The new train system is **functional**, but it's not really convenient.
新しい鉄道システムは機能的だが、とても便利というわけではない。

❷ useful　役に立つ

何らかの目的を果たすのに有用と思われる時に使う。useful articles（実用品）や useful information（有益な情報）など、あれば役に立つので重宝するというイメージで用いられる。人に対して口語的なニュアンスで使うと、「有

能な、腕がいい」という意味になる。

> She found it **useful** to carry a laptop computer while she rode the train.
> 彼女は電車に乗っている間、ノートパソコンを持ち歩くのが便利だとわかった。

❸ convenient　使いやすい、とても便利な

ただ便利なだけでなく、「使いやすい、とても便利な」と使い勝手が非常に良いことを表わす。convenient facility（使いやすい施設）や convenient excuse（都合のいい口実）のように、おもに身近で気軽に利用できる便利さや、都合の良さを意味する。ただし人に対してはあまり使わない。

> He lives in a **convenient** place —it's close to where he works.
> 彼は便利な場所に住んでいる ── 職場のすぐそばだ。

❹ handy　便利な

元の語が hand（手）であることから、すぐ手の届く距離にあって使いやすい、もしくは役に立つものに対して使う。handy price（手頃な値段）や handy tool（便利な道具）はその好例だ。handy edition（携帯版）のように「持ち運びができて使いやすい」という意味もあり、人に対して使うと「器用な、上手な」という意味になる。

> He has a Swiss army knife that's really **handy** for fixing small things.
> 彼は、小さなものを修繕するのにとても便利なスイス製のアーミーナイフを持っている。

❺ nifty　気のきいた、効果的な

ただ単に便利さを表わすのでなく、その気のきいたセンスをほめるニュアンスが強い。nifty way（気のきいたやり方）や nifty guitar work（巧みなギターさばき）のように、利便性のみを追求するのではなく、洗練され、なおかつ使い勝手がいいという意味合いがある。口語的に使われることが多い。

> This coffee maker is so **nifty.** It can do anything!
> このコーヒーメーカーはとても気がきいてる。何でもできるよ！

29
不便な

inadequate / inconvenient / limiting
useless / worthless

基本例文 This old cell phone is inconvenient.
（この古い携帯電話は不便だ）

大げさな言い方
- worthless
- useless
- inconvenient ← 基準となる形容詞
- inadequate
- limiting

控えめな言い方

❶ worthless　価値がない、まったく役に立たない

　評価するだけの価値がまったくなく、何かに利用することができない様子をいう。worthless debris（役に立たないガラクタ）や worthless stock（紙切れ同然の株券）のように、価値のなさへの不満のニュアンスが含まれる。

This stereo is **worthless**. The CD player on it broke after just a month.
このステレオは役に立たない。CDプレイヤーがほんの1ヶ月で壊れたんだ。

❷ useless　役に立たない

　機能が有効に使えないこと、また人がその役割を果たせないことを表わす。useless knowledge（無駄な知識）や useless precaution（取り越し苦労）

のように、「無駄な、無益な」という意味でも用いられる。人に対して使う場合、useless mouth（ごくつぶし）のように、「能がない」というニュアンスが含まれる。

My car keeps breaking down ── it's basically **useless**.
うちの車はしょっちゅう壊れる ── 基本的に役に立たないんだ。

❸ inconvenient　不便な

何かをするのに使いづらく、面倒に感じる時に使う。inconvenient place（不便な場所）や inconvenient for getting a train（電車の便が悪い）のように、不便さが原因で不快な思いをしていることを示す。また inconvenient time（都合の悪い時間）など、何か支障があって都合が悪いという意味でも使われる。

I like living in the country, but commuting can be **inconvenient**.
田舎に住むのはいいが、通勤には不便かもしれない。

❹ inadequate　不十分で不便な

十分な能力がなくて、不便さを感じる場合に使う。inadequate equipment（不十分な設備）や inadequate income（不十分な収入）など、納得できる内容でないという意味合いになる。また inadequate for the job（その仕事に不向き）のように、能力的に不十分で適切でないと判断する場合も用いる。

His computer's memory is **inadequate** for the programs.
彼のパソコンのメモリはそのプログラムを利用するには不十分だ。

❺ limiting　妨げられて不便な

limiting speed（制限速度）のように、「制限」を表わす用語としてよく用いられるが、そこから派生して、機能などが制限されることによる不便さも表わす。「妨げられて窮屈」→「不便」というイメージだ。

Everyone thinks the new system is convenient, but I find it a little **limiting**.
みんなその新しいシステムは便利だと思っているけど、私はやや不便に感じる。

1 「もの」に関する形容詞

30
重要な

big / critical / important / pivotal / serious

基本例文 ▶ **This is an important announcement.**
（これは重要なお知らせです）

フォーマルな言い方
- pivotal
- critical
- 基準となる形容詞 → important
- serious
- big

くだけた言い方

❶ pivotal 中枢の

物事の主軸となる重要なものであることを表わす。pivotal member（中枢メンバー）や pivotal player（中心人物）のように、それなしでは成り立たないほど重要なものであることを意味する。

Support from women was pivotal in his election as governor.
彼の知事当選においては女性からの支援が重要だった。

❷ critical 決定的な

非常に重要で、物事の決定的な局面を決めるほど大きな意味を持つ状況に対して用いる。critical situation（重大局面）や critical component（決定的要素）のように、ただ大事なのでなく、危機と裏合わせにあるほど重大であることを

意味する。

That report has **critical** information needed to prevent a military conflict.
その報告書には、軍事衝突を避けるのに必要な重大な情報がある。

❸ important 重要な

非常に大切なものに対して用いる。important affair（重要な事柄）や important aspect（重要な局面）のように、物事の本質に関わる大事なものを示す時に用いられる。とはいえ pivotal や critical ほどの意味はない。

We have an **important** meeting tomorrow about the new company policies.
新しい会社方針に関する重要な会議が明日ある。

❹ serious 重大な

「真剣な」という意味もあるように、状況や問題が大変な局面を迎え、そう簡単には解決できない状況にあることを表わす。serious damage（重大な損害）や serious problem（深刻な問題）のように、ややネガティブなニュアンスを含むことがある。

His daughter was involved in a **serious** accident.
彼の娘が重大な事故に巻き込まれた。

❺ big 大変な

本来はサイズの「大きさ」を表わすが、そこから派生して「大変な、ものすごい」の意味で口語的に用いられる。big eater（大食漢）や big game（ものすごい試合）など、やや大げさな表現としても使われる。

My friend told me the **big** news that she's pregnant.
彼女が妊娠したという大変なニュースを友人が教えてくれた。

31 普通の

everyday / normal / ordinary / traditional / typical

基本例文 He has an ordinary job. （彼は普通の仕事をしている）

フォーマルな言い方
- traditional
- normal
- ordinary ← 基準となる形容詞
- typical
- everyday

くだけた言い方

❶ traditional 昔ながらの

　昔ながらのスタイルや方法を踏襲しているような時に用いる。traditional arts（伝統芸能）や traditional approach（従来どおりのアプローチ）など、「今までどおりで特に目新しくない」→「（前と同じで）普通」という意味合いで使われる。

> They have a **traditional** marriage——she stays home to care for the children.
> 彼らは昔ながらの結婚生活を送っている——奥さんが家で子供たちの面倒を見ているんだ。

❷ normal 標準の

　元の語 norm が「標準」という意味であるように、ほかと比較して平均的

で差がなく、一般的であることを表わす。normal temperature（平熱）や normal American citizens（一般的なアメリカ市民）のように、「正常の、一般並みの」という意味もある。ただし文脈によっては「当たり障りがない」→「平凡でつまらない」というニュアンスにもなるので注意が必要だ。

> The **normal** size of a Japanese room is about 4 to 6 tatami mats.
> 日本の部屋の標準的な大きさは、たたみ約4畳から6畳分だ。

❸ ordinary　普通の

いつもと変わりなくふだんどおりの状態を表わす。ordinary charge（通常料金）や ordinary citizen（一般市民）のように、おもに「通常どおりの、一般的な、平均的な」という意味合いで使われる。

> She was not an **ordinary** child. She could read storybooks before she was 5.
> 彼女は普通の子ではなかった。5歳になる前には物語の本を読むことができた。

❹ typical　典型的な

ある種類の代表的な特徴や性格などを指す。typical case（典型的な例）や typical feature（典型的な特徴）のように、世間一般で「よく見られるもの」という意味合いを示す。会話では、That's typical.（よくあることだ）などの言い回しをよく耳にする。

> A **typical** workday is from 9:00 to 5:00.　標準的な就業時間は9時から5時までだ。

❺ everyday　日常的な

日常的に見られる、たわいもない出来事や物事を表現する。ただし文脈によっては、日常的なだけでなく「特別でない、ありきたりな」という、ややネガティブなニュアンスにもなる。

> It was a fancy banquet, but he just wore his **everyday** clothes.
> 豪華な祝宴なのに、彼はただいつもどおりの服装だった。

32
きれいな、整理された

clean / neat / spotless / sterile / tidy

基本例文 **Her bedroom is clean.** （彼女の寝室はきれいだ）

大げさな言い方
- sterile
- spotless
- **clean** ← 基準となる形容詞
- neat
- tidy

控えめな言い方

❶ sterile 無菌の

　消毒や殺菌された状態を表わし、科学・医学用語として使われることが多い。sterile soil（不毛の地）や sterile operation（不妊手術）など「不毛の、不妊の」という意味もあるように、ものが片付けられてきれいというより、細菌レベルまで徹底的にきれいにした無菌の状態を表わす。

　The operating room has to be **sterile**, so please clean it thoroughly.
　手術室は無菌でなくてはいけないので、完璧にきれいにしてください。

❷ spotless 汚れ1つない

　しみなどの汚れがない状態を指すだけでなく、非の打ち所がないことや、欠点がないことも表わす。**My driving record is spotless.**（私の免許はゴール

ド だ）のように、違反歴がないことや、クレジットカードの支払い歴に遅れがないことなどにも使える。

> I wanted to impress my girlfriend, so I made sure my house was **spotless**.
> 彼女にいい印象を与えたくて、家にゴミ1つ落ちていないようにした。

❸ clean きれいな

清潔で汚れがない整った状態を指す。ほかに clean election（公正な選挙）や clean record（前科のないきれいな経歴）など、道徳的に偽りがなく潔白であることにも使える。

> I live in a small apartment that's easy to keep **clean**.
> きれいにしておくのが容易な小さな家に住んでいます。

❹ neat きちんとした

「こざっぱりした、こぎれいな」とも訳されるように、周囲から見て整っている様子をいう。汚れの有無ではなく、整頓されているかどうかに焦点を当てた語。That's neat!（いいねえ！）のように「すばらしい、格好いい」という意味で用いられることもあり、非常に好意的なニュアンスで使われる。

> His mother wouldn't let him play until his room was **neat**.
> 部屋がきちんとするまで、お母さんは彼を遊ばせようとしなかった。

❺ tidy 整然とした

「きれい好きな、きちんとした」など、整然として片付いた状態を指す。tidy person（几帳面な人）というように細かく物事をきちんと行なう人柄や、tidy house（こざっぱりした家）のように整理整頓された状態を指す。

> His locker was a mess, but at least his desk was **tidy**.
> 彼のロッカーは散らかっていたが、机だけはきちんとしていた。

33 汚い、乱雑な

cluttered / dirty / filthy / grimy / messy

基本例文　**This room is dirty.** (この部屋は汚い)

大げさな言い方
- filthy
- grimy
- dirty ← 基準となる形容詞
- messy
- cluttered

控えめな言い方

❶ filthy　不潔な

汚れて不潔な状態を指すほか、filthy magazine（卑猥な雑誌）や filthy pictures（みだらな写真）など、下品で卑猥なことも表わす。汚さとともに、ゾッとするような嫌悪感も覚えるような場合に使う。

The restroom was disgustingly **filthy**. I didn't even want to use it.
そのトイレは嫌になるほど不潔だった。使いたくもなかったよ。

❷ grimy　うす汚れた

grimy hands（うす汚れた手）や grimy building（すすけた建物）というように、垢やホコリなどが付着して汚れた状態を指す。grimy with ...（…で汚れる）という場合、「…」には汚れの原因となるものが入る。

The kitchen was **grimy**. There was old grease everywhere.
そのキッチンはうす汚れていた。そこかしこに古い油汚れがあった。

❸ dirty 汚い

「汚い」と感じる際、もっとも一般的に使われる語。汚くて不潔な時だけでなく、dirty talk（猥談）や dirty trick（卑劣な企み），dirty money（不正なお金）というように、けがらわしいもの、不正なもの、嘆かわしいものに対して、ネガティブなニュアンスで幅広く使われる。

I've been on vacation for a week, so please don't mind my **dirty** house.
1週間、休暇でいなかったから、家が汚いんだけど気にしないで。

❹ messy 乱雑な

ものが散らかし放題になっていたり、髪の毛がボサボサになっている状態を指す。messy handling（不手際）のように行為に対しても使える。messy eater（だらしない食べ方の人）など性格的にだらしないことや、messy conflict（騒動）や messy divorce（面倒な離婚）のような人間関係のゴタゴタに対しても使われる。

His room was so **messy** he couldn't find any of his homework.
彼の部屋はとても散らかっていたので、宿題を1つも見つけることができなかった。

❺ cluttered 雑然とした

整理整頓ができておらず、ものが雑然と積み重ねられているような状態を指す。cluttered desk（散らかった机）や cluttered mind（乱れた心）のように、ものにも人にも使える。

Your office looks kind of **cluttered**. You should sell some of these books.
きみのオフィスはちょっとゴチャゴチャしているね。本を何冊か売るべきだよ。

34 明るい

blinding / bright / brilliant / shiny / sunny

基本例文 It was a sunny day.
（明るく晴れた1日だった）

大げさな言い方
- blinding
- brilliant
- sunny ← 基準となる形容詞
- shiny
- bright

控えめな言い方

❶ blinding　目がくらむような

　元の動詞は blind（目をくらませる、失明させる）で、目が開けられないくらいまぶしい状態を表わす。blinding brightness（目のくらむ明るさ）や blinding sunlight（目も開けられないほどの日光）など、過度に明るい状態を批判するニュアンスもある。

There were so many spotlights that the stage was **blinding** for the actors.
スポットライトがたくさんありすぎて、舞台は役者が目も開けられないほどだった。

❷ brilliant　光り輝く

　ダイヤモンドの輝きを表わすのに使われるように、「明るい」というよりは「光り輝く」イメージがある。brilliant ability（輝くばかりの才能）や brilliant academic background（立派な学歴）のように、「すばらしい、才能がある」という意味もある（☞100ページを参照）。

The white walls and shiny floors made the room **brilliant**.
白い壁とピカピカの床で、その部屋は光り輝いていた。

❸ sunny　太陽のように明るい

日中の明るさを指すもっとも一般的な語。sunny day（明るく晴れた日）やsunny beach（太陽が降り注ぐビーチ）など、雲1つなく太陽が明るく光り輝くイメージになる。そこから派生して、sunny smile（快活な微笑み）のように「陽気な、快活な」という意味でも使われる。

Tomorrow is going to be **sunny**. Let's go on a picnic.
明日は晴れるよ。ピクニックに行こう。

❹ shiny　ピカピカの

ピカピカ、キラキラなどの、透明感のある輝きを表わす。shiny hair（つやのある髪）やshiny new car（ピカピカの新車）など、光沢感も含まれる。瞬間的な輝きではなく、光っている状態がある程度持続するイメージがある。

The surface of the lake was **shiny** under the blue skies.
湖の水面は、青空の下でキラキラ輝いていた。

❺ bright　明るい

「明るい、輝いている、光っている」など、どの日本語訳も可能な幅広い「明るさ」を表わす。bright red（鮮紅色）やbright economic future（明るい経済見通し）など、さまざまな表現に用いることが可能だ。bright child（利口な子供）のように、「頭のいい」という意味もあり、好印象を与える（☞101ページを参照）。

It's better for your eyes if you study in a **bright** room.
明るい部屋で勉強したほうが目にいいよ。

35
暗い

black / dark / dim / pitch-black / shadowy

| 基本例文 | It was dark outside.
（外は暗かった） |

大げさな言い方
- pitch-black
- black
- dark　←基準となる形容詞
- shadowy
- dim

控えめな言い方

❶ pitch-black　漆黒の

この場合の pitch は、コールタールなどを蒸留した後に残る黒褐色の粘質物のこと。舗装工事の際に使うこの真っ黒の pitch が、pitch-black という表現の元だという。pitch-black night（漆黒の闇夜）のように、black よりもさらに暗い漆黒で包まれた様子をいい、**pitch-dark**（真っ暗闇の）という表現もある。

With no moon out and no street lights, the town was **pitch-black**.
外には月も街灯もなく、街は真っ暗だった。

❷ black　真っ暗の

普通に「暗い」と感じるよりも、さらに暗く感じるような時に使う。「真っ暗の」くらいのイメージだ。電灯も月も星もないため、手元さえ見えない真っ

暗闇は black で表わせる。ちなみに「停電」は blackout で、色の「白黒」は英語では black and white という。

When the power went out, the whole room went black.
停電して部屋全体が真っ暗になった。

❸ dark 暗い

もっとも一般的な「暗い」という語。black が闇夜に近いイメージだとしたら、真っ暗ではないものの、すべてをきちんと見ることはできない状態を指す。keep one's purpose dark（目的を隠したままにする）など、「隠された、知られていない」という意味もある。

It was hard to find our way out of the dark forest.
暗い森から出る道を探すのは大変だった。

❹ shadowy 陰の多い

はっきりとしない、かすかな様子を表わす。「暗い」まではいかないものの、何かが邪魔をしてすっきりと見渡せないような状況で使う。shadowy memory（曖昧な記憶）や shadowy figure（謎に包まれた人物）というように、「曖昧な、謎めいた」というニュアンスを示す。

I get nervous when I walk through shadowy streets.
陰の多い道を歩くと不安になる。

❺ dim 薄暗い

ほの暗く、ものの形などがよく見えない状態に用いる。dim light（ほのかな明かり）や dim memory（おぼろげな記憶）のように、さまざまなものがぼんやりとして不鮮明な状態を表わす。dim student（さえない生徒）など、人に対して使うと、「（頭の）鈍い、とろい」という意味になる。

I studied all night by the dim light of a few candles.
ろうそく何本かの薄暗い明かりで一晩中勉強した。

形容詞・豆知識● 3

ネイティブにとっての fine

　「元気な」といえば、日本人がいちばんに思い浮かべるのは fine だろう。How are you?（元気？）と聞くと、多くの日本人が「元気です」のつもりで I'm fine. と答える。
　しかしこのやりとりに、ネイティブは多少違和感を覚えるのだ。

＊　＊　＊

　意外に思うかもしれないが、ネイティブにとって fine は「自然に使いにくい語」だ。
　たとえば、I'm fine.（元気です）は How are you?（元気？）の答えとして使う。しかし同じように She's fine. といえるかといえば、答えは No で、She's fine. ＝「彼女は元気です」とはならない。I'm fine. とは異なり、やや不自然な英語となるため、実際のところ「彼女は元気です」の意味で She's fine. はまず使わない。かといって、she が主語の時は fine をまったく使わない、というわけでもない。ネイティブがどのように fine を使うか、比較してみよう。

▶ **She's fine now.**（彼女は今は元気だよ）
　たとえば病気が良くなった場合、よく She's fine now. という。後ろに now を付けるだけで、She's fine. のような不自然さはなくなる。

▶ **She's so fine.**（彼女はすごくいい女だ）
　She's so fine. を「彼女はとても元気だ」と思ったら、それは大間違い。これは fine を「イカしてる」とスラング的に使ったもので、「彼女はすごくいい女だ」となる。

▶ **She's fine.**（彼女はまあまあだね）
　fine には「まあまあ結構だ」というニュアンスがあるので、文脈によって She's fine. は「彼女はまあまあ結構だ→まあまあ OK な女→我慢できるレベルの女」という意味になる。

　I'm fine. も、ネイティブからすれば「元気だよ！」というよりは「まあまあいいよ」程度に聞こえる場合が多い。実際は、「あまり元気ではない時に、社交辞令的に I'm fine. を使う」と言っていいだろう。
　同じく The weather is fine. も、日常会話ではまず使わない。感情がこもっていないように聞こえるため、天気予報では耳にするものの、人と人との会話ではやや不自然に聞こえる。あえて意訳すれば、「天気はまあまあです」に近いニュアンスとなる。
　日本人が考える「元気な」は、fine ではなく good や great に置き換えて表現すると、ちょうどいい意味合いになるだろう。

形容詞豆知識●4

ネイティブがよく使う形容詞

現在のアメリカ英語で、頻繁に使われている形容詞の上位10は何だろうか？
ある調査によると、以下の形容詞だという。

1. other
2. new
3. good
4. high
5. old
6. great
7. big
8. American
9. small
10. large

　その時々の世界情勢や報道にも左右されるため絶対的なものではないが、非常に興味深い結果となっている。あくまで推測にすぎないが、アメリカ人の気質の一端がうかがえるように思う。
　new や good といったシンプルな語が上位にくるのは、ネイティブはこのように「数個の文字から成る短くて簡単な単語」をより好んで使う傾向があるためだろう。句動詞の豊富さなどは、そのネイティブの傾向が反映されたものといえる。個々に見ていけば、old よりも new が多く使われるのは、新しもの好きな性格からだと思われる。
　私が面白いと思ったのは、1番が other だということだ。これは「私」と「他」をきっちりと区別するアメリカ人の性格からだろうが、それにしても other がトップとは驚いた。
　これら10個の形容詞の中で異質なのは American だが、愛国的なニュアンスのある American が8位というのは、「今のアメリカ」を映し出しているのかもしれない。
　このように1単語ずつ見ていき、それぞれの理由を推測するのはとても楽しい作業だ。
　形容詞は、もっともその時々の流行を反映する言葉だといえる。時代により結果も異なるだろうが、本書で取り上げた形容詞の「使用頻度」を確かめてみるのも面白いはずだ。
　ためしに google で、基準となる形容詞を入れた「基本例文」とそのほかの形容詞をあてはめた文とのヒット数を比較してみると、その形容詞がどれだけ「一般的か」がわかるだろう。
　その時々で結果は変わるためあくまでも目安にすぎないが、そのようにしてネイティブが好む形容詞を調べてみるのも面白いだろう。

第 2 章

「人」に関する形容詞

36
おかしい

amusing / funny / hilarious / humorous / hysterical

基本例文　**His speech was funny.** (彼のスピーチは面白かった)

```
大げさな言い方
    hysterical
    hilarious
基準となる形容詞 funny
    humorous
    amusing
控えめな言い方
```

❶ hysterical　笑いが止まらない

「ヒステリックな、感情的な」という意味もあるように、あまりにもおかしくて笑いが止まらず、感情がコントロールできない状態をいう。It's too hysterical.（笑いが止まらないよ）など、興奮状態が収まりそうにないほど大笑いする時に使う。

That joke was so **hysterical** that I laughed until I cried.
あのジョークがあまりにおかしくて、涙が出るほど笑った。

❷ hilarious　めちゃくちゃおかしい

「面白い」を通り越し、涙が出るほどおかしくて笑い転げる様子を表わす。「面白い」の最上級の表現で、「大爆笑、大受け」といった意味合い。That was hilarious!（あれ超笑えた！）のように会話でも使われる。

I always thought the comedy movies of Tom Hanks were **hilarious**.
ずっと思ってたんだけど、トム・ハンクスのコメディ映画はめちゃくちゃ笑えるよ。

❸ funny　おかしい

奇妙さや滑稽さに、思わず笑ってしまうような時に用いる。funny face（面白い顔）や funny story（滑稽な話）のように、「変な、奇妙な」というニュアンスも含まれ、知的な笑いというよりはバカバカしいものに対して使う。

It was **funny** to watch the cat chase its tail.
ネコが自分のしっぽを追いかけているのを見ていておかしかった。

❹ humorous　ユーモアのある

funny が馬鹿げたおかしさを指すのに対し、humorous は少し洗練されたおかしさを表わす。sense of humor（ユーモアのセンス）という言葉もあるように、欧米でユーモアは身につけるべき素養の1つと考えられている。humorous と言われることはとても光栄なことであり、ネイティブはその知的ニュアンスを非常に重要視する。

The writer O. Henry is famous for his **humorous** stories.
作家のオー・ヘンリーはユーモラスな物語で有名だ。

❺ amusing　面白い

何かを見たり聞いたりして、楽しい気分になったり興味深く思うような時に使う。hysterical や hilarious のようにゲラゲラと大笑いするのではなく、陽気に「フフフ」と軽く笑うくらいに面白がる様子をいう。

It's sometimes **amusing** to watch a video played in reverse.
たまにビデオを逆戻しで見てみると面白い。

37
つまらない

boring / dry / flat / mind-numbing / stale

基本例文　**My math class is boring.**
（数学の授業は退屈だ）

大げさな言い方
- mind-numbing
- stale
- boring ← 基準となる形容詞
- flat
- dry

控えめな言い方

❶ mind-numbing　あきあきする

mind（心）と numbing（無感覚にする）の 2 つの語からできた言葉で、「心が無感覚になる」→「感動などしなくなる」→「あきあきする、うんざりする」という意味になる。つまらなさが頂点に達し、ほとほと嫌気が指した状態を表わす。

I can't stand to sit through the **mind-numbing** meeting.
そのうんざりする会議にずっと出ていなくてはならないのは耐えられない。

❷ stale　陳腐な

「新鮮でない、古い」という意味で stale bread（古くなったパン）や stale air（よどんだ空気）などと使われるように、ありふれてつまらない様子を表

わす。stale joke（陳腐なジョーク）や stale news（聞き古したニュース）のように、特に新しい発見もなく興味がかき立てられない状態にも使う。

He really needs help to make his **stale** lectures more interesting.
自分の新鮮味のない講義をもっと面白くしたくて、彼は本当に助けを必要としている。

❸ boring 退屈な、つまらない

つまらなくてうんざりするような状態をいう。boring domesticity（退屈な家庭生活）や boring exam（うんざりする試験）などには、興味を引かないことに対する批判的なニュアンスが含まれる。

I had heard most of those ideas before, so the lecture was **boring** for me.
ほとんど前に聞いたことのある考えだったので、その講座は退屈だった。

❹ flat 単調な

flat =「平らな」をイメージするように、特にこれといって関心を呼ぶこともなく、単調でつまらない様子を表わす。flat story（退屈な話）や flat movie（単調な映画）のように、内容に起伏がなく平板で面白くないというイメージ。

He had some interesting points, but his presentation was a little **flat**.
彼の論点には面白いものもいくつかあったが、プレゼンテーションはやや単調でつまらなかった。

❺ dry さむい

dry =「乾いた」をいちばんに連想するように、面白みのなさに場が白け、乾いた笑いしか聞かれないようなつまらなさを指す。dry lecture（つまらない講義）や dry joke（さむいジョーク）など、内容のつまらなさに反応する気すら起こらない様子を表わす。

Only a few people laughed at his **dry** jokes.
彼のさむいジョークにほんのわずかな人が笑っただけだった。

38
楽しい

amusing / enjoyable / exciting / fun / thrilling

基本例文　We had a fun time.
（楽しかった）

大げさな言い方
- thrilling
- exciting
- fun ← 基準となる形容詞
- amusing
- enjoyable

控えめな言い方

❶ thrilling　わくわくする

　ワクワクした楽しさと、ドキドキする恐怖感などを同時に味わうような時に使う。ジェットコースターやお化け屋敷など、楽しさと恐怖が一体となった時にぴったりな表現。thrilling race（白熱したレース）や thrilling crime novel（手に汗握る犯罪小説）など、ドキドキして片時も目が離せないイメージ。

　The amusement park's new roller coaster is really **thrilling**.
　その遊園地の新しいジェットコースターはとてもスリルがある。

❷ exciting　興奮させる

　ただ楽しいだけでなく、ワクワク、ハラハラ、興奮するほど楽しかった時に使う言葉。exciting game（ハラハラする試合）や exciting adventure（ワク

ワクする冒険）など、思わず感情が高ぶるような経験に使う。

> The world's top two tennis players played an **exciting** five-set match.
> 世界トップクラスの2人のテニス選手が5セットの興奮させる試合をした。

❸ fun 楽しい

愉快な気分にさせてくれるものに使う。fun は一般的な喜びや楽しいことに対して使うが、派生語の **funny**（☞ 83ページ参照）は滑稽で人を笑わせるようなジョークなどに用いる点で異なる。fun park（遊園地）や fun time（楽しい時間）など、楽しい気分をカジュアルに表わす。

> We spent a **fun** day at the park flying a kite.
> その公園で凧をあげて楽しく過ごした。

❹ amusing 面白い

fun が気分的に楽しくなるのに対して、amusing は内容の面白さに焦点を当てた表現となる。大笑いするほど楽しいのではなく、フフフと含み笑いする程度の楽しさを表わす。Oh, that's really amusing.（へえ、そいつは面白いねえ）のように、皮肉っぽい意味合いで使われることもある。

> It was **amusing** to see the baby try to stand up.
> 赤ちゃんが立ち上がろうとしているのを見るのは面白かった。

❺ enjoyable 楽しめる

enjoy（楽しむ）+ -able（…できる）で、意識的に何かを楽しもうとする姿勢を表わす。経験や物事に対して、満足や喜びを覚えるような時に用いる。また、それほど楽しくはないものの、それを正直に言えないような時、enjoyable で「まあ楽しかった」という曖昧なニュアンスを表現できる。

> Work always goes by faster when it's **enjoyable** to do.
> 楽しくやると、仕事は早く終わる。

39
退屈な

bored / distracted / sick and tired / tired / uninterested

基本例文 → **Everyone got bored of the class.**
（みんなその授業がつまらなかった）

大げさな言い方
sick and tired
tired
基準となる形容詞 → bored
uninterested
distracted
控えめな言い方

❶ sick and tired　うんざりする

sick and tired of hearing ...（耳にたこができるほど…を聞かされる）や sick and tired of someone's complaints（愚痴にはもううんざりだ）など、「…にはうんざりする、飽き飽きする」という言い回しでよく使われる。退屈を通り越して、嫌気がさすほどの状態を表わす。

She got sick and tired of having to pick up her husband's clothes.
彼女は夫の服を受け取りに行かなくてはならず、うんざりした。

❷ tired　飽きた

sick and tired のように嫌気がさすほどではないものの、何かに飽きて疲労感を感じる状態を表わす。tired of ... で「…に飽きて（うんざりして）いる」

という言い回しになり、tired of eating（食べ飽きる）や tired of life（人生が嫌になる）など、つまらなくて疲れた状態を示す時に使われる（☞「疲れた」の意味の tired については、93 ページを参照）。

I'm getting **tired** of all the rainy weather every day.
毎日雨が続いて飽きてしまっている。

❸ bored 退屈な

何かをやることに飽きて、うんざりしている様子をいう。bored of waiting（待ちくたびれる）や bored to death（退屈で死にそうだ）など、今までやっていたことに飽きてしまい、かといって何か新しいことをやる気も起きない状態を示す。

I got **bored** of playing badminton and switched to tennis.
バドミントンをやるのに退屈したのでテニスにした。

❹ uninterested 無関心な

これといった興味を感じず、関心がない様子をいう。uninterested attitude（無関心な態度）や uninterested look（無関心な表情）など、何かにやや批判的で冷めた状態をいう。

I doubt I'll listen to the speech. I'm **uninterested** in the issues.
そのスピーチを聴くかどうかわからないな。その問題には興味がないんだ。

❺ distracted ボーッとして

ボーッとして注意力が散漫になった状態をいう。Don't get distracted.（ボーッとしてないで）や You look distracted.（集中してないみたいだけど）と使うように、気が散って1つのことに集中できない様子を表わす。

I got **distracted** and didn't hear what he said.
ボーッとしてて彼の言うことを聞いていなかった。

40 元気な

all right / energetic / fine / hyper / so-so

基本例文　**I feel fine now.** (今は元気だ)

大げさな言い方
- hyper
- energetic
- fine ←基準となる形容詞
- all right
- so-so

控えめな言い方

❶ hyper　とても興奮した

　元となる語 hyperactive を短縮形にし、口語的にしたのが hyper だ。「活動過多の、極度に活動的な」など、普通の状態からかけ離れ、常軌を逸して見える様子を表わす。なお、hyper- と、接頭辞として使われる場合は「過度に、非常に」という意味になる。

Labrador retrievers can be very **hyper** dogs that are hard to control.
ラブラドールレトリバーは言うことをきかせるのがむずかしいほど活動的になることがある。

❷ energetic　精力的な

　活動的で、energy（エネルギー）に満ちあふれた状態を指す。ただし full of energy（元気いっぱい）が一時的な状態を指すのに対し、energetic は常

に元気いっぱいで活動的な性質の人に対して用いる。energetic look（情熱的な顔つき）や energetic person（精力家）から、そのイメージがつかめるだろう。

The company needs **energetic** people who can work long hours.
その会社には長時間働ける精力的な人が必要だ。

❸ fine　元気な

体調の良さを表わす以外にも、技量のすばらしさ、天気の良さ、上品さ、美しさなど、さまざまなものの「良さ」を表わす。ただし、いずれも「ずば抜けていい」のではなく、「当たり障りなく良い」という意味合いになる。**good** もほぼ同じように使える（☞ 175 ページを参照）。

After he took the medicine, he felt **fine**.　彼は薬を飲んで元気になった。

❹ all right　大丈夫な

「元気な」というより、「大丈夫、問題ない、差し支えない」など、「異常はないから平気」程度の意味合いを表わす。積極的に元気とは言い切れないものの、特に問題はないような場合に使う。

She feels **all right**, but she should probably stay home.
彼女は大丈夫なようだが、おそらく家にいたほうがいい。

❺ so-so　まずまずの

良くも悪くもない、可もなく不可もない時に使う返事。適当に返事をしているようにも思われるので、あまり多用すると相手の気を悪くする。「良い：悪い」の割合が半々で「まずまず（いい）」というポジティブな意味だと思っている人が多いが、ネイティブの感覚からすると 4：6 で悪いニュアンスのほうがやや強い。

I feel **so-so**, but I think I drank too much last night.
まずまずの気分だが、昨晩は飲み過ぎたようだ。

41
疲れた

exhausted / out of energy / sluggish / tired / worn out

基本例文 ▶ **Everyone is tired.** (みんな疲れている)

大げさな言い方
- exhausted
- worn out
- tired ← 基準となる形容詞
- out of energy
- sluggish

控えめな言い方

❶ exhausted　精も根も尽き果てた

「使い尽くした、消耗した、枯渇した」という意味もあるように、通常の疲れた状態を通り越し、立ち上がることができないくらい疲れきった様子をいう。心身ともに消耗し尽くし、精も根も尽き果てたイメージ。

She was **exhausted** after running a half marathon.
ハーフマラソンを走り、彼女はとことん疲れきっていた。

❷ worn out　疲れきった

何かをやり過ぎて、くたくたに疲れきった様子をいう。worn-out broom (使い古したほうき) や worn out from walking (歩き疲れてヘトヘトになる) など、疲れ果ててボロ雑巾のようになったイメージだが、exhausted ほどではない。

後に名詞が来る場合は、ハイフンを入れた複合形容詞形 worn-out を使う。

The teacher was **worn out** after teaching a full day of classes.
1日中授業をして先生はヘトヘトだった。

❸ tired 疲れた

肉体的疲労、精神的疲労のどちらにも使うことができる。tired appearance（疲れきった様子）や tired feeling（疲労感）のように、「疲れた」だけでなく「うんざりして、嫌になって」というややネガティブなニュアンスで使われることもある。強調する場合は dead tired（ぐったりした）も使われる。なお、同義語として weary も思い浮かぶかもしれないが、これは最近の会話ではほとんど使われない（☞「飽きた」の意味の tired については、88ページを参照）。

The soldiers had an early morning march and were **tired** at breakfast.
兵士たちは早朝に行進をして朝食時には疲れていた。

❹ out of energy 力を使い果たした

エネルギーを出し切って疲れきった状態をいい、tired よりも婉曲的な言い方。run out of energy（力を使い果たす）の言い回しでよく使われる。

I studied until midnight and I was **out of energy** the next day.
深夜まで勉強して翌日は力が抜けたようだった。

❺ sluggish だるい

疲れて身体の動きが緩慢になった様子をいう。また sluggish worker（仕事の仕方が怠惰な人）や sluggish engine（かかりにくいエンジン）など、動きの鈍いイメージでも使われる。さらに、sluggish economy（景気の低迷）や sluggish growth（伸び悩み）など、経済用語としても使われる（☞「のろい」の意味の sluggish については、186ページを参照）。

The medicine makes me **sluggish**, so I don't take it when I drive.
薬を飲むとだるくなるから、運転する時は飲まない。

42
優しい

amiable / good-natured / kind / nice / sweet

基本例文 She's always nice. (彼女はいつも優しい)

大げさな言い方
sweet
kind
nice ←基準となる形容詞
good-natured
amiable
控えめな言い方

❶ sweet とても優しい

　sweetというと「甘い」をいちばんに思い浮かべるだろうが、ほかに「人柄のいい、快い、申し分のない」といった好意的な意味合いでよく使われる。好意を全面的に押し出した語で、sweet woman（すごく優しい女性）や sweet nature（愛すべき性格）など、ほめ言葉として頻繁に聞かれる。

That was **sweet** of you to remember my birthday.
私の誕生日を覚えていてくれたなんて、あなたはとても優しいのね。

❷ kind 思いやりのある

　「優しい、思いやりのある」など、心の広さ・温かさを表わす語。kind advice（親切な助言）や kind manner（親切な態度）など、人やものへの思いやりに焦

94

点を当てた表現となる。

My parents taught me to always be **kind** to animals.
両親は常に動物に優しくしなさいと私に教えた。

❸ nice 優しい

「見事な、気持ちのいい、優しい」など、長所をほめるのに使う。「すばらしい」と絶賛するのではなく、「いいね」くらいの評価に用いることが多い。そのため表現としてはやや弱く、はっきり断言したくない時に使われる。知人のことを聞かれて He's nice.（彼はいいヤツだよ）と答えれば、「彼はすごくカッコいいというわけではないけど、いい人だ」というニュアンスになる。

It was very **nice** of your son to let the other children play with his toys.
ほかの子におもちゃを貸してあげるなんて、あなたの息子はとてもいい子だ。

❹ good-natured 温厚な

性格の良さに焦点を当てた語で、穏やかで非常に好感を持たれるイメージの語。good-natured man（好人物）や good-natured humour（優しいユーモア）など、気さくで親しみが持てる様子を表わし、行動に対しても使える。

He's **good-natured**, but he's too dreamy.
彼って、性格はいいけど夢見がちなんだよね。

❺ amiable 気だての良い

「愛想の良い、親しみやすい」など、人に対して非常に好意的な態度をいう。amiable tone（感じの良い口調）や amiable settlement（和解）などの言い回しがあり、トラブルにならない、人に迷惑をかけないという意味合いもある。

He doesn't talk so much, but he's always **amiable** to everyone.
彼は口数は多くないが、いつも誰に対しても愛想がいい。

43
意地悪な

cold / cruel / horrible / mean / unkind

基本例文 ▶ **He was mean to her.** （彼は彼女に意地悪だった）

大げさな言い方
- cruel
- horrible
- 基準となる形容詞 → mean
- cold
- unkind

控えめな言い方

❶ cruel 残酷な

人やものに対して冷酷かつ無慈悲な様子をいう。「過酷な、苦痛を与える」という意味もあり、意図的に人を傷つけるような響きがある。cruel sight（むごたらしい光景）のように、運命や光景に用いると「悲惨な」という意味になる。

The boys were so **cruel** to the poor girl. She cried all day.
少年たちはその貧しい少女にとてもひどいことをした。彼女は1日中泣いた。

❷ horrible 実にひどい

horrible monster（身の毛もよだつ怪物）のように、本来「おそろしい、ものすごい」という意味だが、口語で It's horrible.（最悪だ）や That's a horrible thing to say.（ずいぶんひどいことを言うね）などと使うと、「残酷な、

実にひどい」と相手の非情さを批判する表現となる。

I think it's **horrible** to keep a dog in such a small cage.
そんな小さなカゴに犬を入れておくなんて実にひどいね。

❸ mean 意地悪な

「意地悪な」というと **nasty** を連想するかもしれないが、ネイティブがいちばんに思い浮かべるのは mean だ。You're so mean to me!（意地悪！）のように使い、行為や人柄の卑劣さ、下品さを表わす。本来 nasty は「意地悪な」という意味でも使われていたが、最近では The food is nasty.（その食べ物はぞっとするほど嫌だ）のように、おもに食べ物の味や匂いの不快さに対して使う。さらに「いやらしい、下品だ」という意味もあり、He's a nasty guy.（彼はスケベだ）のように使われることが多い。

I think she was **mean** not to let the students play after lunch time.
昼食後、生徒を遊ばせてあげないなんて彼女は意地悪だったね。

❹ cold 冷淡な

cold を人に対して使うと「冷淡な、よそよそしい」という意味になる。cold and heartless（冷淡で思いやりがない、血も涙もない）など、意地悪をするというよりは、情け容赦のない冷たい態度を表わす。

I tried to be friendly, but he gave me a **cold** look.
親切にしようとしたが、彼は私を冷たい目で見た。

❺ unkind 薄情な

「不親切な」の意味で知られるが、「薄情な、冷酷な」と悪意をもって冷たくするニュアンスもある。unkind criticism（冷酷な批判）や unkind behavior（薄情な行動）など、思いやりのない行動に使う。

That was so **unkind** of you to tell Mary she was fat.
メアリーにデブと言ったなんてずいぶん思いやりがないね。

44
無愛想な、冷たい

aloof / cold / cool / hostile / unfriendly

基本例文 He was unfriendly towards me.
（彼は私に対して冷たかった）

大げさな言い方
- hostile
- cold
- unfriendly （基準となる形容詞）
- aloof
- cool

控えめな言い方

❶ hostile 敵対する

人に対して反感を抱き、敵対心のある様子をいう。「嫌い」を通り越して、敵と見なすほどの嫌悪感を抱く相手に使う。hostile attitude（敵対姿勢）や hostile buyout（敵対的企業買収）など、非常にネガティブでとげとげしいイメージがある。

The employees were **hostile** to the new boss.
社員たちは新しい上司と敵対した。

❷ cold 冷淡な

本来は温度の冷たさを表わすが、人に対して使うと cold and heartless（血も涙もない）や cold heart（冷たい心）など、冷淡でつれない様子を表わす。

cold audience（無関心な観衆）や cold judgment（私情を交えない判断）のように、「関心を示さない、冷静な」という客観的な意味もある。

That waiter acted so **cold** that I don't even want to leave him a tip.
あのウエイターはとても冷たかったので、チップすら置いていきたくない。

❸ unfriendly 無愛想な、冷たい

「親切でない」程度にとられることが多いが、実際は「敵意のある」に近いネガティブなニュアンスで使われる。unfriendly relationship（敵対関係）や unfriendly manner（よそよそしい態度）など、人への冷たい態度を表わし、look / seem unfriendly（無愛想に見える）の言い回しでよく使われる。

I don't mean to be **unfriendly**, but I'm just too busy to talk right now.
冷たくするつもりはないんだけど、ちょっと忙しすぎて今は話せないんだ。

❹ aloof よそよそしい

副詞は「離れて、遠ざかって」という意味になるように、人や態度がよそよそしく、相手と打ち解けていない状態を表わす。aloof and cool（お高くとまる）のように高飛車なイメージもある。

He has a few close friends, but he's usually **aloof** around most people.
数人の親しい友人はいるけど、彼はたいていの人にいつもよそよそしい。

❺ cool 冷静な

cold と cool の違いは、その感覚的な温度の違いにある。cold は「冷たい」と不快に感じる温度の低さだが、cool は「涼しい」と心地良さを感じる冷たさを指す。人に対して使う場合も、cool は cold ほどの冷淡さはなく、「冷静な、よそよそしい」程度の意味合いになる。

Did I do something wrong to make you act so **cool** toward me?
きみがそんなによそよそしくするなんて、私は何か悪いことでもした？

45
賢い

bright / brilliant / intelligent / sharp / smart

基本例文　**She's a smart student.**（彼女は賢い学生だ）

大げさな言い方
- brilliant
- intelligent
- smart　← 基準となる形容詞
- sharp
- bright

控えめな言い方

❶ brilliant　優秀な、才気のある

「光り輝く、華々しい」という意味もあるように、目覚ましい才能をたたえる際に用いる。brilliant achievement（立派な業績）や brilliant athlete（才能あふれる運動選手）など、ただ「優秀」なのではなく、「並外れて優秀」でほかと比べても際立っている様子を表わす。

She's a **brilliant** scientist who has received dozens of awards.
彼女はものすごい数の賞をとった優秀な科学者だ。

❷ intelligent　聡明な

「理解力のある、利口な」という意味もあるように、おもに知性をほめる際に用い、知識があるだけでなく理論的に考えられることも表わす。intelligent approach（知的手法）や intelligent man（聡明な人）など、フォーマルに使われることが多い。

You can see how **intelligent** she is by how quickly she learned French.
フランス語を身につけたスピードの早さで彼女がどれだけ聡明かわかるよ。

❸ smart 賢い

頭の回転が速く、利口な様子を指す。「きびきびした」手際の良い活発なイメージがあるため、機械などに用いると「高性能の、ハイテクの」という意味になる。clever はおもに生まれつきの賢さを指すが、smart は勉学で身につけた知識や賢さを指すことが多い。そのためもあってか、最近では clever よりも smart を使うほうが圧倒的に多い。

That's a **smart** decision to sell your house――I think it was too big for you.
家を売ることにしたのは賢明な判断だね――あの家はきみには大きすぎたと思うよ。

❹ sharp 頭の切れる

「利口な、頭の切れる」など、頭脳の明晰さを表わす一方、「抜け目のない」ずる賢さを指す場合もある。You're sharp!（鋭いね！）というように、知識があるというよりは、頭の回転の速さ、明敏さに焦点を当てた表現になる。

He's **sharp** in math, but he really struggles in his English class.
彼は数学では鋭いけれど、英語の授業ではずいぶん苦労しているよ。

❺ bright 頭のいい

「明るい、鮮やかな」という意味もあるように、賢さだけでなく、快活で朗らかな様子も表わす。同義語に **wise** もあるが、こちらは経験による賢さを指すため、wise old man（思慮深い老人）のような意味合いで使うのが自然だ。

Bringing drinks in this hot weather is a **bright** idea.
この暑さだから飲み物を持って行くのはいいアイデアだ。

2 「人」に関する形容詞

101

46
バカな

dumb / idiotic / moronic / senseless / silly / stupid

基本例文	That joke was dumb / stupid. （あの冗談はくだらなかった）

大げさな言い方
idiotic
moronic
→ dumb / stupid （基準となる形容詞）
senseless
silly
控えめな言い方

❶ idiotic　大バカな

　頭の悪さや行動・発言の間抜けさなどを徹底的にバカにした語。idiotic idea（馬鹿げた考え）や idiotic optimist（馬鹿な楽天家）など、「大バカな、バカバカしい」と相手をとことん蔑んだ表現になる。

That politician makes a lot of idiotic statements that anger people.
あの政治家は人を怒らせる間抜けな発言をたくさんする。

❷ moronic　間抜けな

　おもに口語で使われ、精神年齢が小学生くらいのレベルしかない低能ぶりをいう。元の名詞 moron は、本来は IQ51-70 程度の精神遅滞者を指す医学用語で、そこから転じて常識のない人や愚かで頭の悪い人を表わすようになった。

His humor was funny before, but now his jokes are **moronic**.
以前、彼のユーモアは面白かったけど、最近はバカバカしい。

❸ dumb / stupid　バカな

最近よく日本語で耳にする「天然」や「おバカ」に近いあきれたニュアンスの言葉で、もっとも一般的に使われる。stupid と dumb の明確な使い分けはこれといってないが、stupid のほうが「間抜け」に近いやや批判的なニュアンスが強い。いずれも知能の低さを指すというよりは、行動などの愚かさ、間抜けさをあげつらう表現として用いられる。なお、類語の **foolish** は知能が足りずに正確な判断ができないことを指すが、ネイティブからするとやや古くさい言葉に聞こえる。

I wish I hadn't paid to see such a **dumb / stupid** movie.
そんなくだらない映画を見るのにお金を使うんじゃなかったよ。

❹ senseless　非常識な

常識がないことを揶揄する際に用いる。一般的なものさしから大きく外れていることを批判する語。senseless waste（無意味な浪費）や senseless terror attack（無分別なテロ攻撃）など、その行動自体を非難するニュアンスがある。

It was hard to follow that book with its **senseless** plot.
常識外れな展開で、その本の内容を理解するのはむずかしかった。

❺ silly　くだらない

行動や発言の愚かさを指す語。silly little things（取るに足らない物事）や silly talk（バカバカしい話）など、ちょっとしたくだらなさを表わすのに使う。idiotic や moronic のように、相手のバカさを蔑むのではなく、軽くあきれたニュアンスを出すのに適した表現。

Didn't you feel **silly** wearing a fancy dress to casual party?
カジュアルなパーティに豪華なドレスを着て行くなんて、恥ずかしくなかったの？

47
勇敢な

bold / brave / courageous / foolhardy / heroic

基本例文 ▶ **He was brave.** (彼は勇敢だった)

批判的な言い方
- foolhardy
- bold
- brave ← 基準となる形容詞
- heroic
- courageous

好意的な言い方

❶ foolhardy 向こう見ずな、無鉄砲な

fool（バカ者）がついているように、計画性もなく、無謀に行動することを表わす。foolhardy decision（無謀な決定）や foolhardy attempt（向こう見ずな企て）など、ややバカにしたニュアンスがある。

The general made a **foolhardy** decision to enter an impossible battle.
将軍は不可能な戦いに挑むという向こう見ずな決定を下した。

❷ bold 大胆な

大胆で向こう見ずな勇敢さを指す。基本的には自信を持ってリスクを恐れず行動する様子に対して好意的に用いる。ただし文脈によっては、bold demand（厚かましい要求）や bold manner（出しゃばりな態度）のように、

「図々しい、厚かましい」というネガティブな意味合いでも使われるので、注意。

Despite much opposition, the president's **bold** policy was successful.
多くの反対にもかかわらず、大統領の大胆な政策が功を奏した。

❸ brave　勇敢な

危険を恐れずに立ち向かう、勇気ある行動を強調する表現。ちょっとやそっとの攻撃にもびくともしない肝が据わった様子をいい、強気なニュアンスで使われる。ほかに「派手な、立派な」という意味もある。

She was **brave** to have the surgery considering all the risks.
彼女はあらゆる危険を考慮した上で、勇敢にもその手術を受けた。

❹ heroic　勇ましい

元の語が hero（英雄）であるように、英雄のように勇ましく、大胆な様子を指す。heroic treatment（思い切った治療）など、大胆で堂々としていることにも用いる。

The volunteers made **heroic** efforts to clean up the pollution.
ボランティアたちは汚染を除去するために勇敢にがんばった。

❺ courageous　勇気ある

courageous decision（勇気ある決断）や courageous person（勇敢な人）など、勇気や度胸がある人に対して使う。苦痛や不安、困難にぶつかっても、それに屈しないだけの頑強な心を持ち合わせているということで、おもに精神面の強さをたたえる表現となる。

His quick thinking and **courageous** action saved his neighbor's life.
彼の頭の回転の速さと勇気ある行動が隣人の命を助けた。

48
臆病な

cowardly / faint-hearted / gutless / spineless / timid

基本例文 ▶ **He's really cowardly.** (彼はとても臆病だ)

批判的な言い方
- spineless
- gutless
- cowardly ← 基準となる形容詞
- timid
- faint-hearted

控えめな言い方

❶ spineless 意気地のない

　本来は「(動物などが) 無脊椎の、背骨のない」という意味で、そこから転じて「骨のない」→「意気地のない、決断力のない」と使われるようになった。決断力や行動力、勇気のなさを揶揄するニュアンスがある。

He's so **spineless** that it's disgusting.
彼がとても意気地なしでうんざりする。

❷ gutless 根性なしの

　口語的に使われる語で、性格的にもともと気が弱くて gut (勇気、根性) がないことをいう。gutless wonder (根性なし) や gutless wimp (意気地なし、弱虫) など、特に精神面の弱さをあげつらう批判的なニュアンスが強い。

I think John is **gutless.** He doesn't take responsibility for his mistakes.
ジョンは意気地なしだと思う。彼は自分の失敗の責任を取らないんだ。

❸ cowardly　臆病な

　気が弱くオドオドして、何かを恐れているような様子を表わす。ただし単に気が弱いのではなく、「卑怯な」というニュアンスも含まれるのがほかの形容詞と異なる。cowardly lie（卑劣なウソ）や cowardly attack（卑怯な攻撃）など、勇気がないために物事に正々堂々と立ち向かおうとしないイメージがある。

I missed getting the job because I was too **cowardly** to even apply for it.
応募する勇気さえなかったため、その仕事を手に入れ損なった。

❹ timid　内気な

　性格的な気の弱さを表わす。timid animal（臆病な動物）や timid knock（遠慮がちなノック）など、恥ずかしがりで内向的な様子や、おっかなびっくりな様子を表わすのに適している。

She was so beautiful that most men were too **timid** to ask her out.
彼女はとても美人だったので、多くの男性が気後れしてデートに誘えなかった。

❺ faint-hearted　気が小さい

　faint（弱々しい）+ hearted（…の心を持った）で「弱い心を持った」→「女々しい、気の弱い」という意味になる。faint に「かすかな、弱々しい」という意味があるように、非常に気が小さい様子をいう。

Parachuting is certainly not a sport for the **faint-hearted**.
確かにパラシュートは気が小さい人がやるスポーツではない。

49
若い

boyish / childish / girlish / immature / young / youthful

基本例文 He looked young to me. (私には彼が若く見えた)

批判的な言い方
- childish
- immature
- young ← 基準となる形容詞
- boyish / girlish
- youthful

好意的な言い方

❶ childish 子供っぽい

　大人に対して「子供じみた、幼い」とネガティブなニュアンスで使う。行動が幼稚な時、また考え方などが大人げない時に用いる。そのため、たとえば childish behavior は「子供らしい行動」ではなく「幼稚な行動」、childish argument は「幼稚な議論」という意味合いになる。良い意味で「子供らしい」と表現する場合、ネイティブは childish ではなく childlike を使う。

> I wish you would stop your **childish** behavior.
> 子供っぽい振る舞いをやめてほしいな。

❷ immature 未熟な

　大人になる1歩手前の状態を指す。immature behavior（大人げない行動）

や immature judgment（未熟な判断）など、「未熟な、大人になっていない、子供じみた」といった批判的なニュアンスで使われる。childish が幼さを批判するのに対し、immature は大人になり切れない様子を批判する意味合いとなる。

She's almost 20, but sometimes she still acts **immature.**
彼女はそろそろ20歳になるのに、まだ時々子供っぽい行動をする。

❸ young 若い

年齢的な若さや、気持ちの若々しさを意味する。国家や会社の新しさ、季節や時間の早さも表わすように、成長途中で、いまだ成熟していない状態を指す。young nation（新興国家）や young company（成長企業）、young wine（熟成していないワイン）といった言葉に、そのニュアンスがよく出ている。

I think he's too **young** to watch violent movies.
暴力的な映画を見るには、あの子は幼なすぎると思う。

❹ boyish / girlish 少年らしい／少女らしい

少年少女と呼ばれる十代半ばくらいまでの年代を指す。boyish charm（少年期の魅力）や girlish uncertainty（少女期の不安定さ）のように、思春期の少年少女ならではの特徴を表わすが、総じて好意的に用いられる。

He has such a **boyish** face that people think he's still a teenager.
彼は童顔なのでまだ十代だとみんな思っている。

❺ youthful 若々しい

若さにあふれ、元気はつらつとした状態をいう。「幼い」というネガティブな意味合いはなく、youthful enthusiasm（若々しい熱意）のように、若さをポジティブにとらえるニュアンスが強く感じられる。boyish / girlish よりも幅広く使える語で、「(年を取った人が) 若々しく見える」という意味もある。

Being around children all day keeps her feeling **youthful.**
1日中子供と一緒にいることが彼女を若々しい気分にする。

50
年老いた

aged / ancient / elderly / old / older

| 基本例文 | I talked to an old man. (私はお年寄りと話をした) |

批判的な言い方
- ancient
- aged
- old ← 基準となる形容詞
- elderly
- older

控えめな言い方

❶ ancient もうろくした

ancient =「古代の」と思うだろうが、そこから派生して「年老いた、もうろくした」と口語でややネガティブに使われる。ancient civilization（古代文明）が、「つい昔のこと」より「かなり大昔のこと」を指すように、かなり年をとって身体にもガタがきたお年寄りのイメージになる。

A lifetime of smoking and drinking made him look **ancient**.
タバコと酒の人生が彼をヨボヨボに見せた。

❷ aged 高齢の

aged man（老人）のように、人に対して「年老いた」というだけでなく、さまざまなものの年数を経た状態を指す。aged cheese（熟成したチーズ）や

aged deterioration（経年劣化）など、相当の歳月がたち何らかの変化があった状態を示す。old よりもかなり年をとったイメージがある。

> For someone so **aged**, she's still in very good health.
> あんなに高齢なのに、彼女はまだとても健康だ。

❸ old　年老いた

年をとった状態を表わす、もっとも一般的な語。「老年の、年老いた」という意味もあるが、old brother（兄）など「年上の」という場合も使うので、高齢かどうかに関係なく用いることもある。old model（旧式のモデル）のように、ものの古さや年月を経た状態を表わすこともできる。

> It's no surprise that he doesn't walk so fast—he's getting **old**.
> 彼がさほど速く歩かなくても驚かないよ。彼は年をとっているからね。

❹ elderly　年配の

「やや年をとった、初老の、中年を過ぎた」などの意味で使われ、old や aged の婉曲表現となる。elderly care（老人介護）や elderly couple（老夫婦）などは、高齢者への敬意が感じられる表現となる。old は年をとり古くなったイメージがあるが、elderly はそれよりやや若いニュアンスがある。

> There are more and more **elderly** people that need a pension.
> 年金を必要とする高齢者はますます多くなる。

❺ older　年をとった、年上の

older adult（高齢者）や older patients（高齢の患者）など高齢者を指す際によく使われるが、older colleague（年上の同僚）のように単に「年上の」という意味でも使われる。さらに文脈によっては、older driver（熟練の運転手）のような形で、長年の経験による熟練の意味も表わす。

> **Older** people are advised to avoid driving late at night.
> 高齢者は夜遅くの運転を避けることが勧められている。

51
静かな

| quiet / restrained / silent / tight-lipped / withdrawn |

基本例文　**She's usually quiet.** (彼女はいつも静かだ)

大げさな言い方
- silent
- tight-lipped
- quiet ← 基準となる形容詞
- restrained
- withdrawn

控えめな言い方

❶ silent　音のしない、無言の

何も音がしない無音の状態を表わす。そこから、人に対して使うと「無言の、寡黙な」と何も話をしない様子をいう。silent movie（無声映画）や silent assumption（暗黙の了解）などの言い回しがある。

He was so **silent** at the party that most people didn't know he was there.
彼はそのパーティでとても静かだったので、ほとんどの人が彼がいることに気づかなかった。

❷ tight-lipped　口をつぐんだ

読んで字のごとく、堅く口を閉ざした状態を表わす。「無口の」という意味もあるが、keep tight-lipped about ...（…について口を閉ざしている）など

の表現で、不用意に他言しない口の堅さも表わす。

Executives were tight-lipped about the company's new product line.
自社の新商品に関して幹部らは口が堅かった。

❸ quiet　静かな、おとなしい

大きな音や動きがなく、静かで穏やかな状態を指す。静かといってもまったくの無音ではなく、騒音とは感じない程度の音がある状態を表わし、小さな話し声や川のせせらぎが聞こえる状態も、quiet といえる。quiet person（無口な人）や quiet dedication（地道な努力）のように、「無口な、単調な、地味な」の意味でも使われる。

She stayed quiet throughout the meeting but listened intently.
彼女は会議のあいだじゅう静かだったが、熱心に耳を傾けていた。

❹ restrained　控えめな

言動が遠慮がちで、もの静かな様子をいう。restrained behavior（控えめな態度）や restrained elegance（節度のある上品さ）などは、行動や発言などを自制して控えめな状態を表わす。

He wanted to give his opinion, but he stayed restrained.
彼は自分の意見を言いたかったが、それを抑えていた。

❺ withdrawn　内気な

引っ込みがちで、自主的に世間と交わろうとしない様子をいう。become withdrawn（殻に閉じこもる）や shy and withdrawn（引っ込み思案）などの言い方は、内気さの度合いがかなり強い感じを示す。

You seem a little withdrawn today. Is something wrong?
今日はちょっと元気がないね。どうかした？

52
うるさい

annoying / deafening / loud / noisy / thunderous

基本例文　The music was loud. (その音楽はうるさかった)

大げさな言い方
- deafening
- thunderous
- loud　←基準となる形容詞
- noisy
- annoying

控えめな言い方

❶ deafening　耳をつんざくような

deafening roar（耳をつんざくばかりの大歓声）や deafening volume（鼓膜が破れそうな音量）などの言い方で、あまりに大音量で耳が痛くなるような状態を表わす。deafening silence（耳に痛いほどの静けさ、気まずい静けさ）などの反語的言い回しもある。

The noise from the jets flying overhead was **deafening**.
頭上のジェット機の騒音は耳をつんざくばかりだった。

❷ thunderous　とどろき渡る

thunderous applause（万雷の拍手、割れんばかりの拍手）や thunderous downpour（土砂降りの雷雨）のように、猛烈に音が響き渡る状態を表現する。

元の語が thunder（雷）であるように、遠くまで音がとどろき渡るイメージ。

The actor was very happy to hear the **thunderous** applause from his fans.
ファンの万雷の拍手を聞き、その俳優はとても幸せだった。

❸ loud　うるさい

loud buzz（うるさい騒音）や loud voice（大声）など、音量が大きくて不快に感じる時に使う。基本的にはネガティブなニュアンスがあるものの、Could you speak louder?（もっと大きな声で話してもらえますか？）のように、明瞭に聞こえる音量を指すこともある。

The music was so **loud** that we couldn't even talk.
その音楽があまりにうるさかったので、話すことさえできなかった。

❹ noisy　騒々しい

いろいろな場所から音が聞こえ、うるさく感じるイメージの語。loud がおもに音の音量を騒々しく感じるのに対し、noisy は四方八方から複数の音が聞こえてうるさく感じることをいう。noisy demand（やかましい要求）や noisy demonstration（やかましいデモ）のように、音を不快に思う時に用いる。

I live on a **noisy** street, and at night it can be hard to sleep.
騒々しい通りに住んでいるので、夜は寝るのが大変なことがある。

❺ annoying　うっとうしい

うるさくて仕方がなく、うっとうしく感じることをいう。うるさい状態がある程度長く続くため、それが気に障るような時に使う。annoying neighbor（うるさい隣人）や annoying boss（面倒な上司）のように、音だけでなくさまざまな不愉快に感じるものに対して用いる。

I like that music, but the volum is **annoying**.
その音楽は好きだけど、音量が気に障る。

53
穏やかな

calm / cool / relaxed / serene / tranquil

基本例文 ▶ **He's always calm.** (彼はいつも穏やかだ)

好意的な言い方
- serene
- tranquil
- 基準となる形容詞 → calm
- relaxed
- cool

客観的な言い方

❶ serene 平静で穏やかな

　何事もなく平静な状態に対して用いる。serene weather（のどかな天気）や serene landscape（穏やかな風景）など、天候や自然、人の心などの穏やかな様子を表現できる。serene life（平和な生活）のように、「安定した、安らかな」という意味もあり、穏やかさがもたらす喜びの感情が含まれる。

She learned how to stay serene by doing yoga.
ヨガをやることで、彼女は心穏やかでいる方法を学んだ。

❷ tranquil 落ち着いた

　穏やかで静かな状態を指すが、serene が何もなくて平静なのに対し、tranquil は混乱や心配など何か邪魔する要因がなく落ち着いた状態であること

をいう。そのため tranquil life は「(何事もなく) 平穏な生活」、tranquil mind は「(心配事のない) 落ち着いた心」という意味合いになる。

I spent a **tranquil** day alone at home reading a book.
本を読みながら家でただ一人穏やかな1日を過ごした。

❸ calm 穏やかな

動詞（落ち着かせる、静まる）や名詞（平穏、静止）としても使われ、ほとんど物音がせずに静かな様子を表わす。海や天候の静けさ、気持ちの落ち着いている状態を指し、calm discussion（冷静な議論）や calm observer（冷静な観察者）のように、気持ちの「冷静さ」を表わすこともできる。

Blue or green always make me feel **calm**.
青や緑は常に私を落ち着かせてくれる。

❹ relaxed ゆったりした、寛大な

あくせくせず、ゆったりとくつろいでいる状態をいう。relaxed atmosphere（なごやかな雰囲気）や relaxed feeling（くつろいだ気分）のように、穏やかな様子を表わす。relaxed rules（ゆるい規則）のように、「寛大な、ゆるやかな」という意味で使われることもある。

Before her big speech, she seemed really **relaxed**.
大きな演説の前にもかかわらず、彼女はとてもくつろいで見えた。

❺ cool 冷静な

何事にも心乱されず、落ち着いた状態をいう。keep cool（冷静でいる）や cool head（冷静な頭脳）のように、客観的に少し距離を置いて冷静に判断を下すイメージがあり、文脈によってはやや冷たい印象を与える。

He stayed **cool** during the crisis, even though others were panicking.
ほかの人々がパニックを起こしていたにもかかわらず、彼はその危機のあいだも冷静だった。

54
怒った

angry / frustrated / furious / mad / upset

基本例文　　　　**He got angry.** (彼は怒った)

大げさな言い方
furious
mad
基準となる形容詞　angry
upset
frustrated
控えめな言い方

❶ furious 激怒した

元の語 fury が復讐の女神を意味するように、凄まじい怒りを表わす。感情以外にも、furious assault（猛攻）や furious fight（激戦），furious storm（猛烈な嵐）など、さまざまなものの激しさを表わす。

My father was **furious** when he heard I didn't go to school.
私が学校に行っていないと聞いて、父は怒り狂った。

❷ mad 怒り狂った

気が狂わんばかりに怒った時に用いる語で、瞬間的な怒りの感情を表現する。「狂った」の意味では類義語に **crazy** もあるが、crazy に「怒り」の感情はなく、mad よりも軽いニュアンスで使われる。「狂わんばかりに」の感情が反転して、

be mad about ...（…に熱中して、夢中になって）と、ポジティブな意味合いで使われることもある。

He got **mad** when his wife bought a new sofa without telling him.
内緒で妻が新しいソファを買った時、彼は怒った。

❸ angry　怒った、腹を立てた

もっとも一般的な「怒り」を表現する語。ただし、「腹を立てる」程度の怒りに対して用いることが多い。基本的にネイティブは mad と angry の使い分けが曖昧で、明確な区別はしていないように思う。mad は本来さまざまな意味があり、ネイティブも「怒っている」か「狂っている」か、迷う場合がある。その点、angry のほうがやや客観的な表現といえるだろう。

A group of eight left without paying tip, so that's why the waiter is so **angry**.
8人のグループがチップを置いていかなかったので、ウエイターは腹を立てている。

❹ upset　動揺した

気が動転して、平静さを失っている状態に対して使う。腹を立てた時だけでなく、upset eye（動揺した目）のように「狼狽して、くよくよして」など、漠然とした不安や悲しみを表わすこともある。

I don't mean to sound **upset**, but I wish you had come on time.
騒ぎたてるつもりはないけど、時間どおりに来てほしかったな。

❺ frustrated　いらだった、不満をいだいた

期待はずれに終わってガッカリした時など、自分が原因でイライラを感じるような場合に用いる。frustrated look（イライラした顔）や frustrated teenager（欲求不満の十代の若者）などは、外に向かって発散できないいらだちや欲求不満を感じさせる。**annoyed** や **irritated** も同様に使える。

I feel **frustrated** when I can't get this computer program to work.
このコンピュータのプログラムを動かせない時はイライラする。

55
裕福な

affluent / filthy rich / loaded / rich / wealthy

基本例文 ▶ **That family is rich.** (あの家族は裕福だ)

大げさな言い方
- loaded
- filthy rich
- rich ← 基準となる形容詞
- wealthy
- affluent

客観的な言い方

❶ loaded お金が山ほどある

元の語が load（積み荷）であるように、本来は「荷を（いっぱい）積んだ、満員の」という意味の語だが、そこから転じて口語では「お金が山ほどあって裕福な」といったニュアンスになる。He's loaded. で「彼は金持ちだよ」となり、話し手のやや批判的な感情も含まれる。

Wow, you must be **loaded** to spend so much money on a car!
へえ、そんなに車にお金を使うなんて、お金が山ほどあるんだね。

❷ filthy rich 大金持ちの

おもに口語で使われる語。filthy は本来「不潔な、よごれた、汚い」という意味があり、filthy rich で「お金がくさるほどある」、つまり「大金持ちの」と

なる。批判的なニュアンスを含む表現。また be filthy with ... の言い回しは、口語表現で「…がたくさんある」の意味で使われる。

He won the lottery jackpot, and now he's **filthy rich**.
彼はジャックポットで大当たりして今ではお金をくさるほど持っている。

❸ rich 裕福な、金持ちの

お金を持っていること以外に、社会や国が裕福な様子もいう。rich banquet（豪華な宴会）や rich country（裕福な国）など、さまざまなものが豊富にある状態を表わす。rich soil（肥沃な土地）や rich mine（産出量の多い鉱山）のように、「よく肥えた、産出量の多い」という意味もある。

That part of town is famous for huge houses where **rich** people live.
街のあの地域は裕福な人々が住む豪邸のあることで有名だ。

❹ wealthy 資産がある

潤沢な資産が常にあり、盤石の富を築いている状態を表わす。wealthy class（富裕層）や wealthy person（資産家）のように、たまたまひと財産を当てた成金とは違い、豊富な資産を持ち、なおかつその基盤がしっかりしている場合に使う。

He was **wealthy** enough to retire early and live on his savings.
彼は早期退職して、十分蓄えで暮らせるだけの資産を持っていた。

❺ affluent 富裕な

財産が豊富にあって裕福な様子をいう。affluent life（豊かな生活）や affluent elderly（裕福な高齢者）など、お金や時間があり余るほどあり、あくせくせずゆったりした状態を表わす。

That private school has a lot of students from **affluent** families.
あの私立の学校には裕福な家庭の生徒が大勢いる。

56
貧しい

broke / destitute / hard up / impoverished / poor

基本例文　**His family is poor.** （彼の家は貧しい）

大げさな言い方
- destitute
- impoverished
- 基準となる形容詞 → poor
- broke
- hard up

控えめな言い方

❶ destitute　極貧の

「まったくない、完全に欠けている」という意味もあるように、衣食はもちろん、生存に必要なものがまったくないほど困窮した状態を指す。destitute life（赤貧生活）や most destitute country（最貧国）のように、極貧に苦しんでいる状態を表わす。

The family became **destitute** when both parents lost their jobs.
両親が共に職を失い、その一家は極貧となった。

❷ impoverished　貧困に陥った

困窮して惨めな状態に陥っている状態をいう。impoverished aristocrat（没落貴族）や impoverished neighborhood（貧民地区）など、貧困に陥り、他

人からの援助を必要とするほどの様子を指す。impoverished land（不毛な土地）のように「やせた、貧弱な」という意味合いもある。

The government needs to give more aid to **impoverished** families.
政府は貧困家庭により多くの援助を与える必要がある。

❸ poor　貧しい

経済的に貧しい状態を指すほか、数量が乏しいことにも使われる。poor appetite（食欲不振）や poor soil（やせた土地），poor actor（大根役者）のように、さまざまなものの貧弱さ、乏しさを表わす。

Many **poor** people have no insurance and can't afford good medical care.
多くの貧しい人々は保険がないために、十分な医療を受けることができない。

❹ broke　お金がない

「破産した」と訳されることが多いが、実際のところネイティブは日常的に I can't go to the movies today. I'm broke.（今日は映画に行けない。お金がないんだ）などと言う。口語では、「お金が足りない」くらいの軽いノリで使われることが多いので、ぜひ覚えておいてほしい。どちらかといえば、I'm poor. のほうがよりお金に困っている意味合いになるだろう。

I'd like to lend you the money, but right now I'm **broke**.
お金を貸してあげたいけど、今お金がないんだ。

❺ hard up　お金に困っている

必要な支払いをするだけのお金を持っておらず、懐が寂しい様子をいう。hard up for ... で「…がなくて困る」という言い回しになり、hard up for a solution（解決策が見つからず困っている）など、お金以外のことにも使える。

I'm **hard up** for money until I pay off my student loan.
学生ローンを払い終えるまではお金に困っているんだ。

57
（性格的に）強い

dynamic / overbearing / powerful / pushy / strong

基本例文 ▶ **She's a strong leader.** （彼女は強いリーダーだ）

批判的な言い方
- overbearing
- pushy
- strong　←基準となる形容詞
- powerful
- dynamic

好意的な言い方

❶ overbearing　いばった

　周囲の意見を無視して、高圧的な態度を取る様子をいう。性格が強すぎるあまり、周囲から批判的に見られる時に使う。overbearing husband（亭主関白）や overbearing attitude（横柄な態度）など、尊大で威圧的な様子をいい、自分に対する絶対服従を期待する。

He's an **overbearing** boss. He won't even let us take three-day vacations.
彼は高圧的な上司だ。彼は部下に3日の休暇さえ取らせない。

❷ pushy　押しの強い

　自分の意志どおりに、強引に物事を進めようとする押しの強い態度をいう。pushy salesperson（強引なセールスマン）や pushy promotion（押しつけ

がましい販売促進）などからわかるように、「厚かましい、図々しい」という批判的なニュアンスがある。

I don't want to sound **pushy**, but can you please finish this job today?
厚かましく言うつもりはないんだけど、この仕事を今日終わらせてもらえない？

❸ strong 強い

人やものが頑丈で力があるだけでなく、性格的な強さにも使う。strong spirit（強い精神力）や strong anchoring（強い束縛）のように、精神力や感情の激しさも表わす。

You'll need to be **strong** to teach that class with all the problem students.
あのクラスで問題のある生徒に教えるには、きみは強くなる必要がある。

❹ powerful 力強い

元の語が power（力）＋ -ful（…でいっぱいの）であるように、力のあり余った状態を好意的に表わした語。そのため一般的な強さを表わす strong よりもさらに強いイメージで、powerful argument（強硬論）や powerful belief（強い信念）など、性格的な強さだけでなく、権力や勢力の強さも意味する。**energetic** や **vigorous** も同様に使える。

He persuaded all of the committee members with his **powerful** speech.
力強いスピーチで彼は委員会のメンバー全員を説得した。

❺ dynamic 精力的な

生き生きと活力に満ちあふれた様子をいう。dynamic speaker（精力的な話し手）や dynamic speech（精力的な演説）などには、精力的に動くあり様を好意的に受け止めるニュアンスがある。

She's a **dynamic** chairperson that everyone likes to work for.
彼女は精力的な議長なので誰もが彼女のために働こうとする。

58
（肉体的に）強い

beefy / burly / muscular / powerful / strong

基本例文 He's old, but he's still strong.
（彼は年をとっているが、まだ強い）

やや批判的な言い方
- beefy
- burly
- strong ← 基準となる形容詞
- powerful
- muscular

好意的な言い方

❶ beefy 筋肉モリモリの

　元の語が beef（牛）であるように、基本的にがっしりと筋骨たくましい様子をいう。beefy wrestler（筋骨たくましいレスラー）と言えば、筋肉モリモリのイメージ。ただし「でっぷり太った、肥満の」というネガティブな意味で、ややバカにした感じで使われることもあるので、注意が必要。

I don't like big, **beefy** soccer players——I like thin, mild-mannered men.
体が大きくて筋骨たくましいサッカー選手は好きじゃない。やせて物腰の柔らかい人がいいな。

❷ burly がっしりした

　体が大きくて、がっしりとたくましい様子をいう。burly frame（がっしりした体格）や burly athlete（たくましい体の運動選手）のように、体つきがしっ

かりしたイメージを表現する。そこから「ぶっきらぼうな、無骨な」という、やや批判的な意味合いで使われることもある。

> The pop singer had three big, **burly** bodyguards to protect her.
> そのポップシンガーには、護衛のための大柄でがっしりしたボディガードが3人いた。

❸ strong 強い

強さを表わすもっとも一般的な語。体の強健さ、丈夫さだけでなく、さまざまなものの強さを表わす。as strong as a horse / an ox（とても頑健な）などの言い回しもある。

> She's as **strong** as most of the boys in the class.
> 彼女はそのクラスのほとんどの少年と同じくらい強い。

❹ powerful 強力な

非常に強い力を持っている様子を表わす。powerful arms（強力な兵器）や powerful blow（強打）などは、力があり余っているイメージだ。体力だけでなく影響力や精神力にも使い、非常にポジティブなニュアンスがある。

> She's not only a **powerful** athlete, she has lots of stamina.
> 彼女は丈夫なだけでなく、スタミナがたくさんある運動選手だ。

❺ muscular 筋骨たくましい

筋骨隆々でたくましい様子をいう。muscular arm（たくましい腕）や muscular strength（筋力）などは、筋肉の強さ・すばらしさを形容する表現となる。ほかに「元気いっぱいの、力強い」というニュアンスもあり、ポジティブな意味合いで使われる。

> With all the exercise you've been doing, you've become really **muscular**.
> ずっと続けているエクササイズのおかげで、ずいぶんと筋肉隆々になったね。

59
弱い

delicate / feeble / fragile / frail / weak

基本例文　**Everyone thinks he's too weak.**
（みんなが彼は弱すぎると思っている）

大げさな言い方
feeble
frail
基準となる形容詞 → weak
fragile
delicate
控えめな言い方

❶ feeble　貧弱な

体力・知力の貧弱さ、精神力の薄弱さなど、さまざまな能力の弱さを表わす。feeble mind（脆弱な心）や feeble person（貧弱な人）など、弱さをやや批判的に強調したニュアンスがある。

He was a **feeble** baby, but now he's big and strong.
彼は虚弱な赤ちゃんだったが、今では大きく強い。

❷ frail　ひ弱な

「か弱い、もろい、はかない」など、見た目の弱さに焦点を当てた語。frail child（ひ弱な子供）や frail health（虚弱体質）など、「ひ弱な」という意味でおもに使われる。frail woman（貞操観念のない女性）のように、「誘惑にか

かりやすい」という意味もある。

> Her body was **frail** after her surgery.
> 手術後彼女は体が弱くなった。

❸ weak 弱い

人やさまざまなものの弱さ、力のなさを表わす。weak performance（下手な演技）や weak evidence（不十分な証拠）など、能力の劣っている様子や説得力のなさなど、期待するよりも力が足りない様子を示す。

> His voice was so **weak** that no one was able to hear his speech.
> 彼の声がとても弱かったので、誰もその演説が聞こえなかった。

❹ fragile 虚弱な

本来は fragile goods（壊れやすい品物）など、物品の壊れやすさを指すが、そこから精神的な弱さや体の虚弱さも表わす。fragile constitution（虚弱な体）や fragile health（虚弱体質）のような言い方で、もろくて脆弱な様子を表現する。さらに fragile happiness（はかない幸せ）など、束の間のはかなさも表わす。

> My grandmother is old and **fragile**, so she has to be careful.
> 祖母は年をとって体も弱いので、気をつけなくてはいけない。

❺ delicate か弱い

delicate sensibility（繊細な感受性）や delicate matter（微妙な問題）のように、壊れやすくか弱い繊細さを表わす。delicate engravings（優美な彫刻）など上品さや優美さも表わし、機械などに使うと「精巧な、精密な」という意味になる。

> He's quite **delicate**, but his wife is strong.
> 彼はかなり繊細だが、彼の妻は強い。

60
派手な

flashy / gaudy / glitzy / loud / showy

基本例文　**He wore a loud sports jacket.**
（彼は派手なスポーツジャケットを着ていた）

大げさな言い方
- gaudy
- flashy
- loud ←基準となる形容詞
- showy
- glitzy

控えめな言い方

❶ gaudy　けばけばしい

派手なだけでなく、けばけばしく下品に思われる際に用いる。gaudy dress（派手で品のないドレス）など、おもにネガティブな意味合いで使う。ほかに修飾語の多い、気取った文体などにも使う。

I thought he had better taste than to wear such **gaudy** clothes.
彼はそんなけばけばしい服を着るほど悪趣味ではないと思った。

❷ flashy　派手な、けばけばしい

元の語が flash（ひらめき、閃光）であるように、flashy dancer（見かけは華麗なダンサー）や flashy smile（うわべだけの華やかな笑顔）のように、瞬間的な華やかさを表わす。gaudy 同様 flashy も、flashy tie（派手なネクタイ）

や flashy clothes（派手な服装）のように、ややネガティブなニュアンスで使われる。

It was a big event, so I can understand why she wore **flashy** jewelry.
大きなイベントだったから、彼女が派手な宝石を身につけていたわけも理解できる。

❸ loud　派手な

音量の大きさを表わすだけでなく、衣服や色が派手でけばけばしいことも表わす。loud color（どぎつい色）や loud pattern（派手な柄）のように、服装や装飾が一般よりも目立ち、華美でやや不快に感じる様子を示す。

Your necktie is nice, but don't you think it's a little **loud**?
素敵なネクタイだけど、ちょっと派手すぎない？

❹ showy　目立つ、これ見よがしな

元の語が show（見せる）であるように、必要以上に人に見せつける「これ見よがし」な派手さに用いる。showy makeup（派手な化粧）や showy jewelry（これ見よがしの宝石）のように、おもに人目を意識した派手さを表わす。showy person（見栄っ張りな人）のように、「見栄を張る」という意味もある。

Since we're going to a disco, I guess you can wear **showy** clothes.
ディスコに行くんだから、派手めな服を着ててもいいんじゃない？

❺ glitzy　華美な

あえて注目されるように、外見をきらびやかにしている状態をいう。glitzy suit（華美なスーツ）や glitzy hair（派手な髪型）のように、キラキラと人目を引くものの、周囲からは批判的に見られている場合に使う。

She likes to wear a lot of **glitzy** jewelry.
彼女は派手な宝石をたくさん着けるのが好きだ。

61
地味な

boring / dreary / plain / simple / unadorned

基本例文　**His suit was quite plain.**
（彼のスーツはとても地味だった）

大げさな言い方
- dreary
- boring
- plain　←基準となる形容詞
- simple
- unadorned

控えめな言い方

❶ dreary　退屈な

　dreary rain（憂鬱な雨）など、本来は天候などが陰鬱で物悲しいことをいうが、それが口語的に使われ、仕事などが退屈でつまらないこと、地味で面白みがないことを表わす。dreary play（退屈な芝居）や dreary life（面白みのない生活）のように、ネガティブなイメージで使われる。

You look so **dreary**, always wearing black clothes.
いつも黒い服を着ているから、きみはとても地味に見える。

❷ boring　つまらない

　「退屈な、うんざりする」という意味があるように、取り立ててほめるところもなくつまらない様子をいう。boring harangue（つまらないお説教）や

132

boring job（退屈な仕事）などには、興味がわかないという含みがある。

He used to look so **boring** until his wife started buying his clothes.
以前、彼はとてもつまらない格好をしていたが、ついに奥さんが彼の服を買うようになった。

❸ **plain**　地味な、質素な

plain とは、もともと平らで何もない状態を指すことから、人や生活などが「質素で、簡素な」状態をいう。plain blouse（無地のブラウス）のように、装飾もなく平凡であっさりとした様子を指す。そのため「地味でつまらない」といった、やや否定的なニュアンスがある。

It's surprising how **plain** she looks without makeup.
メイクなしだと彼女がものすごく地味に見えるのは驚きだ。

❹ **simple**　簡素な

simple design（すっきりしたデザイン）や simple dress（質素なドレス）のように、余計な装飾や機能がなく、単純で使いやすい様子をいう。そのためネガティブさはなく、好感の持てる質素さを指す。一方、simple behavior（単純な行動）や simple soul（お人好し）などには、「単純でだまされやすい」という意味もある。

He's a **simple** person and doesn't try to impress people with his clothes.
彼は質素な人だから、服装で他人に印象づけようとはしない。

❺ **unadorned**　飾り気のない

元の語 adorn（装飾する）が、美しいものをさらに飾り立てる装飾過多なイメージがあるため、その否定形である unadorned は飾り気のない、ありのままの素朴さを強調した表現となる。unadorned smile（素朴な笑顔）や unadorned personality（飾らない人柄）など、ほめ言葉として使われる。

Her clothes were **unadorned**, but she had a natural beauty.
彼女の服は飾り気がなかったが、彼女には自然な美しさがあった。

2　「人」に関する形容詞

62
熱心な

> devoted / enthusiastic / gung-ho / passionate / wholehearted

基本例文 He's an enthusiastic fan. （彼は熱狂的なファンだ）

大げさな言い方
- gung-ho
- passionate
- enthusiastic ← 基準となる形容詞
- devoted
- wholehearted

控えめな言い方

❶ gung-ho 熱烈な

非常に熱心でひたむきな様子をいう。元は中国語の「工和」（中国の工業共同組合運動のスローガンで、「協力して働く」の意）で、この語が第二次世界大戦中に米海兵隊に広まり、現在も話し言葉で使われている。職務に非常に献身的なことをいい、gung-ho spirit（ひたむきな熱意）などとも言う。

> John is **gung-ho** about the new project, but the other employees don't want to work on it.
> ジョンは新しいプロジェクトにひたむきに取り組んでいるが、ほかの社員はかかわりたくない。

❷ passionate 情熱的な

ある物事に感情を燃え上がらせている様子をいう。passionate devotion（情熱的な献身）や passionate discussion（激論）, passionate love（燃えるよ

うな恋愛）のように、感情をむきだしにして、1つのことに情熱を傾けている状態を表わす。

He's so **passionate** about the project that he might just overwork himself.
彼はそのプロジェクトにとても熱心なので、もしかしたら働きすぎかもしれない。

❸ enthusiastic　熱心な

1つのことに熱中して取り組んでいる様子をいう。enthusiastic proponent（熱心な支持者）や enthusiastic football fan（熱狂的なサッカーファン）のように、周囲が見えないほど無我夢中になっている状態を表現する。

With so many **enthusiastic** workers, we can finish the project in no time.
熱心な社員がそれだけ多くいれば、すぐにそのプロジェクトを完了することができる。

❹ devoted　献身的な

自分よりもほかを優先するような、献身的な姿をいう。devoted care（手厚い介護）や devoted friend（献身的な友）など、他者に非常に愛情深い様子を表わす。

He takes too many days off. I wonder how **devoted** he is to his job.
彼はあまりにたくさん休暇を取るんだ。彼が自分の仕事にどれだけ熱心なのか疑問に思うよ。

❺ wholehearted　誠意のある

wholehearted support（心からの支援）や wholehearted commitment（心からの献身）というように、非常に真心のこもった態度を表わす。謙虚なニュアンスもあり、とても好感が持てる言葉。

I want to thank the delegates for their **wholehearted** participation.
使節たちの誠意ある参加に感謝したい。

63
無関心な

apathetic / indifferent / nonchalant / uncaring / unconcerned

基本例文　**I'm indifferent about that idea.**
（その考えには興味がない）

批判的な言い方
- uncaring
- apathetic
- indifferent ←基準となる形容詞
- unconcerned
- nonchalant

控えめな言い方

❶ uncaring　思いやりのない

他人への配慮がなく、思いやりの気持ちが欠如している様子をいう。そこから uncaring person（思いやりのない人）や uncaring expression（配慮のない言い方）など、ネガティブな表現として使われる。**callous**（無感覚な、思いやりのない、冷淡な）も同じような意味合いで用いられる。

Mary complained that her teacher was **uncaring** about the bullying in class.
メアリーは、先生がクラスの弱い者いじめに無頓着だと不満を漏らした。

❷ apathetic　興味がなく冷たい

物事に対して無関心で、冷淡な様子をいう。apathetic about ...（…に無関

心な）の言い回しがよく使われ、apathetic about politics（政治に無関心な）など、対象への興味がない様子を示す。

I admit I'm **apathetic** about his plan, but I just don't think it will work.
彼の計画に興味がないのは認めるよ、だってそれがうまくいくとはとても思えないんだ。

❸ indifferent　無関心な

apathetic と同じく無関心な様子を指すが、さらに投げやりなイメージがある。indifferent about small things（小さなことはどうでもいい）や indifferent to what others think of（人の評価を気にしない）のように、興味がないことはどうでもいいという、ややぞんざいな態度を表わす。

Most people were **indifferent** to the election and didn't vote.
ほとんどの人はその選挙に無関心で、投票しなかった。

❹ unconcerned　気にしない

ある物事に対して関心がないため、それがどうなろうと心配したり動揺したりしない様子をいう。unconcerned about ...（…のことは気にしない）の言い回しでよく使われ、in an unconcerned manner（平気で）のように、「何があっても平気だ、気にしない」というイメージを表現する。

Most people are **unconcerned** about the possibility of Mt. Fuji erupting.
富士山が爆発する可能性について、ほとんどの人が気にしていない。

❺ nonchalant　無頓着な、無関心な

何があっても平然としている、自分は無関心であるという雰囲気がうかがえるときに用いる。a nonchalant manner（無関心な様子）や be nonchalant in the face of danger（危険に直面して平然としている）などと使われる。

With a **nonchalant** air, the politician said he had nothing to do with the bribery case.
その政治家は平然と、自分はその贈収賄事件に関与していない、と言った。

64
きれいな、かわいい

adorable / beautiful / cute / nice / pretty

基本例文　Her daughter is pretty.
（彼女の娘はかわいい）

大げさな言い方
- beautiful
- adorable
- pretty　←基準となる形容詞
- cute
- nice

控えめな言い方

❶ beautiful　美しい

　外見のきれいさをほめるもっとも一般的な表現。beautiful は外見の美しさのほか、魅力的な雰囲気なども含む。かなり幅広い語で、人や風景などほぼ何に対しても使えるが、pretty や cute はまず風景には使わない。

Every bride wants to look **beautiful** on her wedding day.
どの花嫁もみな結婚式の日にはきれいに見られたいものだ。

❷ adorable　愛らしい

　おもに外見上のかわいらしさ、好ましさをほめる際に使う。やや女性的な言葉で、adorable kitten（かわらしい子猫）といった表現によって、自分が愛おしく感じている思いが、そのまま相手にも伝わる。

I thought your daughter was **adorable** in her frilly party dress.
フリルのついたパーティドレスを着て、お嬢さん、かわいらしかったわ。

❸ pretty　きれいな、かわいい

　顔立ちのかわいらしさや魅力的な様子をいう。beautiful は外見の美しさ、きれいさに焦点を当てた語なのに対し、pretty はどちらかといえば愛らしさをより評価した語になる。ただ日本語の「かわいい」と 100% イコールではなく、「素敵さ、きれいさ」も含み、おもに女の子に対して使う。日本人は pretty や cute と beautiful は別物だと考えるが、ネイティブの感覚では beautiful > pretty > cute というイメージ。cute や pretty の延長線上に beautiful がある。

She looked really **pretty** before she dyed her hair.
髪を染める前の彼女はとてもかわいかったのに。

❹ cute　小さくてかわいい

　外見のかわいらしさ、魅力的な様子をいうが、pretty より cute のほうが口語的に使われる。そのため cute はより話し手の主観が入り、She's cute. というと、「いいね！」に近いニュアンスになる。また、さまざまなものに対して使えるため、ネイティブは pretty puppy よりも cute puppy をよく使う。「小さくてかわいくて魅力的」というイメージ。

She's so **cute**, with her big eyes and her dimples.
目が大きくてえくぼがあって彼女はとってもかわいい。

❺ nice　いい

　誰が見ても好ましく思う様子をいう。nice は非常に幅の広い言葉のため、外見に関しても「かわいい、素敵な、魅力的な」など、さまざまなニュアンスになる。外見の美をたたえるというよりは、好感が持てる様子を評価したイメージで、「ものすごくいい」ではなく「いいね」くらいのやや抑えた表現となる。

He looks **nice** in a suit and necktie.
彼はスーツを着てネクタイをしていると素敵ね。

65
ぶさいくな

hideous / homely / grotesque / ugly / unattractive

基本例文 His dog is ugly. (彼の犬はぶさいくだ)

大げさな言い方
- hideous
- grotesque
- ugly ← 基準となる形容詞
- homely
- unattractive

控えめな言い方

❶ hideous 醜い

見るのもおそろしいほど醜い状態を表わす。hideous scene（おぞましい光景）や hideous scar（醜い傷跡）のように、一見しただけで恐怖を覚えたり、気分が悪くなる時に使う。かなりひどい言葉なので、よほど親しい間柄でない限り使わないほうが無難だ。

Please don't wear that dress —— it looks **hideous** on you!
そのドレスを着ないで、醜く見えるよ！

❷ grotesque 異様な

語源はイタリア語の grotto（洞窟）で、洞窟に施されたグロッタ様式と呼ばれる装飾模様からという。grotesque appearance（異様な姿）や grotesque swelling（奇怪なこぶ）のように、明らかに普通ではないことを表わす。ほかに grotesque failure（バカな失敗）など、「奇妙な、滑稽な」という意味もある。

His teeth were so stained from smoking that they were **grotesque**.
彼の歯はタバコのヤニがたくさんついていて気持ちが悪かった。

❸ ugly　ぶさいくな、醜い

ugly appearance（見苦しい外観）のように、おもに容貌の醜さ、ぶさいくな様子をいう。ほかに ugly disposition（意地悪な性質）や ugly oath（口汚いののしり）、ugly weather（険悪な天候）など、「不快な、卑劣な」といった意味合いもあり、幅広く「人をネガティブな気持ちにさせるもの」を表わす。

I think people look **ugly** with big tattoos on their arms.
腕に大きなタトゥーがあると醜く見えるね。

❹ homely　不器量な

イギリス英語では「家庭的な」だが、アメリカ英語だと「人並み以下の、不器量な」という意味になるので注意が必要だ。また、家庭的ということから発展して、homely truths（素朴な真理）のように、「質素でやぼったい」という意味合いにもなる。

If she wore a little makeup, people wouldn't think she was so **homely**.
少しお化粧していれば、彼女はそんなに不器量だと思われないのに。

❺ unattractive　さえない

対義語の attractive は「人目を引くほど美しい」だが、接頭辞 un- がつくことで、否定の意味が強調されて、単に「魅力がない」というよりは「醜い」といったニュアンスが強くなる。unattractive option（パッとしない選択肢）のように、「つまらない」という意味合いも含まれる。

You should smile more. Frowning all the time makes you **unattractive**.
もっと笑顔を見せるべきだよ、いつもしかめっ面してると、さえない感じがするよ。

66
寛大な

benevolent / charitable / generous / nice / unselfish

| 基本例文 | She's generous with her friends.
（彼女は友だちに寛大だ） |

大げさな言い方
- benevolent
- charitable
- generous ← 基準となる形容詞
- unselfish
- nice

控えめな言い方

❶ benevolent 情け深い

benevolent person（篤志家）や benevolent contributions（慈善寄付金）など、慈悲深く、進んで貧しい人に手を差し伸べるような心の広い様子をいう。benevolent God（慈悲深き神）のように、権力を持つ上の立場の人が、慈悲深く度量の広い様子も表わす。

He was a **benevolent** king, loved by everyone in the country.
彼は国中の誰からも愛された情け深い王だった。

❷ charitable 慈善の

人に対する情けの深さ・寛大さを表わすが、元の語が charity（慈善）であることから、特にお金を寄付するイメージが強い。そのため charitable work（慈

善事業）など、慈善活動関係の用語としてよく用いられる。

That was really **charitable** of you to give so much time as a volunteer.
ボランティアとしてそんなにたくさんの時間を費やすなんて、あなたは本当に心が広い。

❸ generous　寛大な

generous giver（気前のいい人）など、物惜しみすることなく、人にお金や援助を申し出る心の広さを表わす。generous hospitality（寛大なもてなし）や generous affection（たっぷりの愛情）のように、「思いやりのある、豊富な」という意味もある。

The company had a good year, so they gave all the employees a **generous** bonus.
業績のいい1年だったので、会社側は全社員に気前よくボーナスを出した。

❹ unselfish　無欲な

selfish（わがまま）の対義語ではあるが、実際は「わがままでない」よりもポジティブなニュアンスがある。unselfish act（利他的行為）や unselfish love（無私の愛）など、無欲に自分よりもほかを尊重する心の広さを表わす。

All the players are **unselfish** and work together well as a team.
全選手が無欲で、チームとしてともによく働いている。

❺ nice　気持ちのいい

nice は非常に幅の広い語で、さまざまな「良い」ものを表わすのに使われる。人に対する気持ちのいい対応も nice で表現でき、She's nice. といえば、小さなことにケチケチしない心の広い人柄をイメージする。ただし具体性に欠けた曖昧な表現でもあるので、どの点が nice か補足するといいだろう。

My teacher is really **nice**. She always brings treats to class.
私の先生はとても気持ちがいい。彼女はいつもクラスに楽しみをもたらしてくれる。

67
倹約な

economical / frugal / stingy / thrifty / tightfisted

| 基本例文 | He has always been thrifty.
（彼はいつも倹約している） |

批判的な言い方
- stingy
- tightfisted
- thrifty ←基準となる形容詞
- frugal
- economical

好意的な言い方

❶ stingy　しみったれた

　人のためには一銭たりとも出さないような、非常にけちでしみったれた人を表わす。stingy portion（ケチケチした［料理の］盛り）や stingy meal（しみったれた食事）というように、批判的なニュアンスで用いる。stingy with ... で「…をケチケチする、出し惜しむ」という言い回しになる。

　He's so **stingy** that he never even tips at restaurants.
　彼はとてもしみったれているので、レストランでチップをあげることすらしない。

❷ tightfisted　ケチな

　お金をつかんだ fist（握りこぶし）を tight（強く）握り、なかなか開こうとしないイメージからできた言葉。締まり屋で、お金を使うのにケチケチする

金払いの悪い人に使う。tightfisted budget spending（緊縮財政）のように、経済政策などが「緊縮の」という意味でも用いる。

> He doesn't mean to be so **tightfisted**, but he's worried about the family budget.
> 彼はそんなにケチであるつもりはないけど、家計を心配しているんだ。

❸ thrifty 倹約な

お金を積極的に使おうとしない、つましい倹約ぶりを表わす。といってもケチケチしているのではなく、thrifty homemaker（倹約家の妻）のように、やりくり上手でお金やものの使い方がうまい、ポジティブなニュアンスになる。

> She was always a **thrifty** shopper who knew where to get the best bargain.
> 彼女はどこで買えばいちばん安いかを知っている、常に締まり屋の買い物客だった。

❹ frugal 質素な

倹約ぶりが徹底していて、財布の紐がかたい様子をいう。frugal lifestyle（質素なライフスタイル）や frugal shopper（必要なものだけを買う人；財布の紐がかたい人）などは、むだにお金を使わず、節約を心がけているイメージ。

> We need to be **frugal** if we want to save money for a house.
> 家を買うためにお金を節約したいなら、財布の紐をかたくしないとね。

❺ economical 経済的な

無駄遣いをせず倹約に努め、非常に経済的な様子をいう。economical car（経済的な車）や economical meal（経済的な食事）、economical shopper（やりくり上手な客）など、「燃費が良い、安上がりでお得な、やりくり上手な」という意味合いもある。

> It's often more **economical** to rent a house than buy one.
> たいてい家を買うより借りたほうがより経済的だ。

68
喜んだ、安堵した

comforted / delighted / glad / happy
overjoyed / relieved

基本例文 I was glad / happy to hear that.
（それを聞いてうれしかったよ）

大げさな言い方
- overjoyed
- delighted
- glad / happy （基準となる形容詞）
- relieved
- comforted

控えめな言い方

❶ overjoyed　狂喜した

　心配事が、喜びとともに終わるような時に用いる。たとえばサッカーの決勝戦を固唾をのんで見守り、勝利が決まった時などに使うのがぴったりな表現だ。接頭辞 over-（過度な）がつくように、通常の喜び方をかなり大げさにした語で、大騒ぎしたイメージになる。

The whole country was **overjoyed** when the war finally ended.
戦争がとうとう終わり、国中が狂喜した。

❷ delighted　大いに喜んだ

　overjoyed ほどではないが、非常に喜んでうれしそうな様子を表わす。delighted の 1 語で「大いに喜んで」という意味になり、この語自体に強調の

意味が含まれる。delighted at ...（…に大喜びする）や delighted to ...（喜んで…する）などの言い回しがあり、**pleased** よりも喜びは大きい。

He was **delighted** that he was rehired by his company.
会社から再雇用されて彼は大いに喜んだ。

❸ glad / happy　喜んだ、安堵した

懸念事項が杞憂に終わり、ほっとして喜びを感じるような時に使う。I'm glad / happy to hear ...（…と聞いてうれしい）のように、ささいなことから大事にまで使える、非常に使い勝手のいい語。このニュアンスで使う glad と happy はほぼ同義で、ネイティブも特に使い分けはしていない。日本語の「良かった」に近い、喜びと安堵がまざった感情。

I was **glad / happy** to hear that she got home safely.
彼女が無事に家に帰ったと聞きほっとした。

❹ relieved　ほっとした

安心した様子をいう際の一般的な語。心配や苦痛、危険などがなくなり、楽になった状態を表わす。relieved to hear ...（…と聞いてほっとする）など、悩み事から解放され安堵した様子をいう。

We were **relieved** that the typhoon was much smaller than expected.
思っていたより小さい台風でほっとした。

❺ comforted　元気づけられた

苦しみや悲しみなど、何らかのネガティブな状態が和らげられ、元気になった状態をいう。comforted by ...（…に慰められる）のように、落ち込んだ状態が癒され、勇気づけられた際に使う。

She was **comforted** by the news that her pregnancy would be normal.
妊娠に異常はないという知らせに彼女は元気になった。

69
怖い

afraid / alarmed / horrified / frightened / scared / terrified

基本例文 ▶ **I was afraid / scared.** (怖かった)

大げさな言い方
- horrified
- terrified

基準となる形容詞 → afraid / scared
- frightened
- alarmed

控えめな言い方

❶ horrified （恐怖で）震え上がった

　horrified silence（恐怖で絶句すること）のように、恐怖により震え上がるほどの衝撃を受けた状態に用いる。同義語の horrified と terrified の違いは、何か恐ろしい出来事が起こり、その恐怖で縮み上がるのが horrified であるのに対し、降り掛かってくる恐怖におびえるのが terrified となる。be horrified by ...（…で震え上がる）の言い回しでよく使う。

　We were **horrified** to learn that all of our life savings had been lost.
　これまで貯めてきた貯金がすべてなくなったとわかり震え上がった。

❷ terrified おびえた

　恐怖におびえた様子を表わす。terrified spectator（恐怖におびえる目撃者）

や terrified beyond words（言い知れぬ恐怖を感じる）など、突如、身の上に降り掛かった地震などの非日常的な恐ろしさや、未知へのおののきを表現する。

My wife is so **terrified** of snakes that she won't even walk in the woods.
妻は蛇をものすごく怖がって、森の中を歩こうとすらしない。

❸ afraid / scared　怖がった

afraid は内因的な気の弱さや臆病が原因で怖がるのに対し、**scared** はお化けなどの外的な要因で怖がる様子をいう。いずれも似たような使い方をするが、何を怖がるかによって、意味合いが異なる。I'm afraid of dogs. といえば「私は（性格的に臆病でもともと）犬が怖い」となるのに対し、I'm scared of dogs. だと「私は（吠えられるから）犬が怖い」といったニュアンスになる。

I'm not **afraid / scared** of the dark, but I do believe in ghost.
暗闇は怖くないが、幽霊が存在するのは信じている。

❹ frightened　ぎょっとした

不意におそろしい体験をし、恐怖のあまり背筋がぞっとすることを表わす。瞬間的な恐怖に対してびっくりしたり、恐れおののく様子をいう。frightened at ... で、「…にびっくりする、…を見てぎょっとする」という言い回しになる。

She's **frightened** by crowded places, so she avoids riding the train.
彼女は人ごみを恐れていて、電車に乗るのを避けているんだ。

❺ alarmed　驚いた

危険を感じて不安になったり、びっくりすることをいう。恐怖と驚きが一緒になった表現だが、どちらかといえばやや驚きのほうが上回った表現になる。「突然で驚く」というニュアンスが含まれる。

Don't **alarmed** if there's a power outage —— it happens a lot.
停電が起きても驚かないで。よくあることだから。

70
親切な、思いやりのある

caring / considerate / courteous / kind / loving / nice

基本例文 ▶ **She's always kind.** (彼女はいつも優しい)

フォーマルな言い方
- courteous
- considerate
- **基準となる形容詞** ▶ kind / nice
- caring
- loving

くだけた言い方

❶ courteous 親切で礼儀正しい

礼儀正しく、なおかつ相手に対する思いやりがある様子をいう。courteous greeting（礼儀正しい挨拶）や courteous service（丁寧なサービス）などの言い方は、非常に折目正しい態度を表わし、フォーマルな印象がある。

The hotel staff were always professional and **courteous** to the guests.
そのホテルのスタッフは、ゲストに対して常にプロ意識高く丁寧に接している。

❷ considerate 理解のある

相手を思いやる気持ちにあふれた様子をいう。considerate of others（他人に思いやりのある）や considerate temperament（思慮深い気質）など、

相手の考えや行動に理解がある場合に用いる。

You were **considerate** to let her take a taxi ahead of you.
自分より先に彼女をタクシーに乗せてあげるなんて、あなたは思いやりのある人だ。

❸ kind / nice　親切な、優しい

ともに人に対する思いやりがある様子をいう。言い換えも可能だが、nice がややくだけた表現であるのに対し、kind は相手に少し距離を置いたフォーマルな響きがある。そのため That's very kind of you.（どうもご親切に）などの改まったお礼にも使われる。一方、nice はさまざまなほめ言葉に使い、気軽に誰でも口にする分、言葉自体の重みをあまり感じないかもしれない。gentle もほぼ同義だが、頻度的にいえば nice > kind > gentle だろう。

That was **kind / nice** of you to give George a ride home yesterday.
昨日ジョージを家まで送ってくれてありがとう。

❹ caring　面倒を見る

名詞の caring が「介護、思いやり」といった他者に対する優しさを意味するように、caring attitude（思いやりのある態度）や caring doctor（面倒見のいい医者）など、面倒見の良さや、人への気配りの細やかさを表わす。

She was a **caring** teacher who spent a lot of time advising her students.
彼女は時間をかけて生徒にアドバイスをする面倒見の良い教師だった。

❺ loving　愛情のこもった

愛情にあふれた様子をいう。loving care（愛情のこもった世話）や loving couple（仲のいい男女）のように、真の思いやりを感じさせる語。kind や nice より親しみをこめたい時、ネイティブは loving を使う。そのためフォーマルな間柄ではなく、家族や親友のような存在に対して用いることが多い。

The orphan was adopted by **loving** parents who gave him all their love.
その孤児は、あらん限りの愛情を注いでくれる心優しい両親の養子となった。

71
厳しい

cruel / exacting / harsh / strict / tough

基本例文 She was a strict teacher.
（彼女は厳しい先生だった）

批判的な言い方
- cruel
- harsh
- **strict** ← 基準となる形容詞
- tough
- exacting

肯定的な言い方

❶ cruel 残酷な

「冷酷な、無慈悲な」など、人に対して情け容赦のない残酷さを表わす。cruel behavior（残酷な行動）や cruel boss（冷酷な上司）など、厳しいだけでなく、意図的に人を苦しめるニュアンスがある。

Her mother was very **cruel** and never letting her play with friends.
彼女の母親はとても厳しくて、彼女を友だちとは絶対に遊ばせなかった。

❷ harsh 情け容赦のない

harsh texture（ざらざらする織り地）のように、本来ざらざらして表面が荒い状態を表わす。そこから「耳障りな、不快な、とげとげしい」といったネガティブな意味で使われるようになった。harsh measures（厳しい処置）や

152

harsh criticism（厳しい批判）など、情け容赦なく厳しいことをいう。

> Don't you think it's a little **harsh** to penalize him for such a small mistake?
> そんな小さな失敗で彼を罰するなんて、ちょっと厳しすぎると思わない？

❸ strict 厳しい

規則などを、言われたとおりに守る厳密さを表わす。strict censorship（厳しい検閲）や strict compliance（徹底した遵守）など、決まりに忠実なことには厳格だが、冷酷さや惨忍さといった感情は含まない。**severe** を同義語と考える人がいるが、severe weather（厳しい天候）のように天候や状況に対して使うことが多く、人に対してはあまり使わない。

> My father was very **strict** with me.
> 父は私に非常に厳しかった。

❹ tough 頑固な、手強い

「しぶとい、タフな」といった訳もあるように、そう簡単には弱音を吐かない頑固さを表わす。tough negotiator（手強い［やり手の］交渉人）や tough teacher（厳しい教師）など、一筋縄ではいかないイメージを示す。

> The coach was **tough** with his players, but they respected him.
> そのコーチは選手に厳しかったが、選手たちは尊敬していた。

❺ exacting 要求が高い

他者に対する理想が高いために、厳しく思われてしまう場合に使う。exacting requirement（厳しい要求）や exacting customer（要求の高い顧客）など、厳しさより「求めるレベルの高さ」に焦点を当てた表現で、その要求の高さを肯定的にとらえるニュアンスがある。

> The writers improved because the editor was so **exacting**.
> 編集者の要求がとても高かったので、その作家はうまくなった。

まとめて覚えたい形容詞 ● 4

72
やせた

「やせた」と言われて、いちばんに思い浮かぶ形容詞は何だろうか？
　カタカナ英語としても使われているのはスリム（slim）だが、skinny や thin も比較的なじみのある言葉だろう。lanky や emaciated を知っている人は少ないかもしれないが、実はこれも「やせた」を意味する形容詞だ。「やせた」と日本語で訳すことができる形容詞をざっと挙げると、以下の表のようになる。

好意的な言い方
petite
slender
slim
svelte
sleek

どちらにも使える言い方
基準となる形容詞 → skinny
基準となる形容詞 → thin

批判的な言い方
lanky
bony
gangly
scrawny
emaciated
anorexic
haggard
skeletal

それぞれの形容詞は、大きく「好意的な言い方」「どちらでも使える言い方」「批判的な言い方」に分けることができる。日本語では同じ「やせた」かもしれないが、ネイティブからすれば slendar と thin, skeletal では受け止めほうが違う。slender といえば喜ぶだろうが、haggard といったら怪訝な顔をされるだろう。
　左の表を参考に、ネイティブがそれぞれの形容詞に抱く感覚をつかんでほしい。

＜好意的な言い方＞

▶ **petite** 小柄の

In America people think I'm **petite**, but in Japan I have to wear larger sizes.
アメリカではみんな私のことを小柄と思っているけど、日本ではLサイズを着なくてはいけない。
※差別的な意味での「小柄の」ではなく、「小柄でかわいらしい」といったイメージ。

▶ **slender** ほっそりした

Only **slender** people can pass through the narrow canyon walls.
その渓谷の岩壁はとても狭いので、ほっそりした人しか通り抜けられない。
※女性に対して使われることが多い。

▶ **slim** 細い

She stays **slim** by eating a healthy diet and exercising regularly.
彼女は健康的に食事制限をして定期的に運動をしているので細いままだ。
※「美しい」というニュアンスは含まれない。男性にも使われる。

▶ **svelte** すらりとした

The actress wore a tight, sexy gown that highlighted her **svelte** figure.
その女優はピッタリしたセクシーなロングドレスを着ていたので、すらりとした姿が際立った。
※フランス語が語源。「洗練された」というニュアンスもある。

▶ **sleek** 流線型の

Olympic sprinters always look so graceful. They have **sleek** but muscular bodies.
オリンピックの短距離選手はいつもとても優雅に見える。彼らは流線型にもかかわらず筋肉質の体をしている。

<どちらにも使える言い方>

▶ skinny やせこけた

I don't know how he can eat so much and still stay **skinny**.
彼がどうやって、そんなにたくさん食べてもやせたままでいられるのかわからない。
※非常にやせたイメージ。skinny model（ガリガリのモデル）など、場合によっては「骨と皮くらい」のややネガティブなニュアンスを含むこともある。

▶ thin やせた

She was **thin** all her life until she had a baby, then she gained a lot of weight.
彼女は出産するまでずっとやせていたが、それからものすごく太った。
※やせていることを表わすもっとも一般的な語だが、病気や栄養不足が原因でやせているという意味合いもある。

<批判的な言い方>

▶ lanky ひょろ長い

Because he was so tall and **lanky,** people often assumed he was clumsy.
彼はとても背が高くヒョロ長かったので、人からよく動きがぎこちないと思われていた。
※やせてヒョロヒョロっとした様子をいう。

▶ bony やせて骨ばかりになった

He lost a lot of weight when he was ill, and now his face looks **bony**.
彼は病気になってかなり体重が落ち、今では顔がやせこけている。
※やせて骨ばかりになったような状態をいう。

▶ gangly やせて背が高い

She has long, **gangly** arms and legs, but she's surprisingly athletic.
彼女は細長い手足をしているけれど、驚くほど筋骨たくましいんだ。
※背が高く、手足は細長い様子。ひょろ長く力もなさそうなイメージ。

▶ scrawny ガリガリの

Everyone on the soccer team is so **scrawny**. They'll never be able to compete.
そのサッカーチームはみんなガリガリだ。彼らでは絶対に勝てないだろう。
※やせて骨ばかりが目立ち、ガリガリの様子。

▶ emaciated　やせ衰えた

After his long hunger strike, the prisoner was **emaciated** and weak.
長いハンガーストライキの後、その囚人はやせ衰え弱々しくなった。
※何らかの原因で、異常とも思えるほどやせ衰えた状態をいう。

▶ anorexic　拒食症の

Some fashion models are so thin that they look **anorexic**.
ファッションモデルの中には、やせすぎで拒食症のように見える人もいる。
※食欲不振で食事すらできない状態をいう。

▶ haggard　やつれた

The **haggard** refugees got off the boat exhausted from hunger and thirst.
やつれた難民たちは飢えと渇きから疲れきってボートを降りた。
※不眠や老齢、気がなどの外的要因により、げっそりやつれた様子をいう。

▶ skeletal　骸骨のようにやせた

It was shocking to see the photos of the **skeletal** prisoners of war.
骸骨のようにやせた捕虜の写真を見てショックだった。
※骨と皮ばかりで骸骨のようにやせ衰えた様子をいう。

2　「人」に関する形容詞

まとめて覚えたい形容詞 ● 5

73
太った

　「太った」も、前ページの「やせた」と同じく、同義語としてさまざまな形容詞が思い浮かぶ言葉だ。一概に「太った」と言っても、それを英語で表現するとなると「ぽっちゃりしてかわいらしい」から「百貫デブ」まで、さまざまなニュアンスがある。
　「太った」に相当する形容詞を、大きく「好意的な言い方」「どちらでも使える言い方」「批判的な言い方」の3種類に分け、それぞれの意味合いを見ていくことで、ネイティブがそれぞれの語に抱く感覚を感じ取ってほしい。

基本的に好意的な言い方
well-built
stocky
plump
chubby
tubby
beefy
bulky
stout
ample
shapely
どちらにも使える言い方
overweight
heavy ← 基準となる形容詞
large / big
批判的な言い方
fat
flabby

obese
chunky
porky

<好意的な言い方>

▶ **well-built**　肉づきの良い

He's **well-built** for someone with such a small appetite.
彼はそんな小食でも人と比べてがっしりしている。
※「体格が良い」というイメージの語。

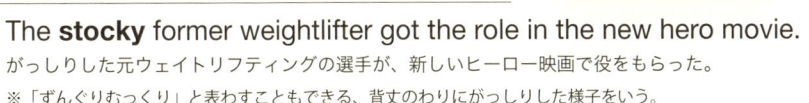

▶ **stocky**　ずんぐりむっくりした

The **stocky** former weightlifter got the role in the new hero movie.
がっしりした元ウェイトリフティングの選手が、新しいヒーロー映画で役をもらった。
※「ずんぐりむっくり」と表わすこともできる、背丈のわりにがっしりした様子をいう。

▶ **plump**　ぽっちゃりした

Many renaissance-era painters chose **plump** women as their models.
ルネッサンス時代の画家の多くが、モデルとしてぽっちゃりした女性を選んだ。
※肉づきの良いぽっちゃりした様子をいう。筋肉が付いているというよりも、丸くふっくらしたイメージ。

▶ **chubby**　丸ぽちゃの

She's **chubby**, but she's still a baby.
彼女は丸々太ってぽっちゃりしているけど、まだほんの子供だからね。
※丸々太ってぽっちゃりした様子をいう。

▶ **tubby**　ふとっちょ

My husband has gotten so **tubby** that he takes up more than half of the bed.
夫はとてもふとっちょなので、ベッドの半分以上のスペースをとる。
※ずんぐりむっくりな太った人を指す。

▶ beefy 筋骨たくましい

The dormitory had bigger rooms for all the **beefy** soccer players.
筋骨たくましいサッカー選手全員のために、宿舎はより大きな部屋を用意した。
※筋骨たくましくがっしりした様子をいう（☞ 126 ページも参照）。

▶ bulky 分厚い

People with bulky bodies conserve heat better in the summer.
分厚い体の持ち主は、夏はより熱をためこむ。
※非常に重量感があり、分厚い肉体のイメージ。

▶ stout どっしりした

Bill is really stout. He could be a wrestler.
ビルはものすごくどっしりしている。彼はレスラーになれるにちがいない。
※「スタウトビール」という意味もあるように、肥満1歩手前のビア樽のような体型をいう。

▶ ample 豊満な

Because of her **ample** figure, many people overlook Marilyn Monroe's acting talent.
豊満な体のおかげで、マリリン・モンローの演技力を見逃す人は多い。
※肉がたっぷりと付いて、ふくよかな様子をいう。

▶ shapely 見栄えのする

It's funny to see all the boys watching that **shapely** waitress.
男の子たちがみんなあのスタイルのいいウエイトレスを見ているのを見ると笑える。
※筋肉が引き締まり、均整の取れた見栄えのする女性の体のこと。

＜どちらにも使える言い方＞

▶ overweight 太りすぎの

I admit he's **overweight**, but I think he can lose weight quickly.
彼が太りすぎなのは認めるけど、彼ならすぐに体重を減らせるよ。
※客観的な「重量超過」を意味する場合も、主観的な「太りすぎ」を意味する場合もある。

▶ heavy 太った

I don't eat desserts or snacks, but I've still always been **heavy**.
デザートもスナック菓子も食べないのに、いつも太ったままだ。
※太った状態を表わすが、fat のような肥満したイメージはない。

▶ large / big 大きい

My father has to buy his clothes at stores for **large / big** and tall men.

父は背が高くて大きい人用の店で服を買わなくてはいけない。

※ large は客観的なサイズの大きさを表わす。

＜批判的な言い方＞

▶ fat デブな

He was a **fat** child until he started playing sports and got in shape.

彼はスポーツをやり始めて体を鍛えるまでデブな子供だった。

※太っていることを侮蔑的にいう語なので使う際は注意が必要。

▶ flabby たるんだ

She likes to wear oversized clothes to hide her **flabby** arms and legs.

たるんだ腕と脚を隠すため、彼女は大きめの服を着るのが好きだ。

※体の肉がたるんで締まりのない様子をいう。

▶ obese でっぷりした

With such high-calorie food, it's no surprise that many Americans are **obese**.

あれだけ高カロリーの食べ物をとれば、多くのアメリカ人が肥満なのも当然だ。

※明らかに太りすぎの肥満体を指す。

▶ chunky ずんぐりした

I wouldn't say you're **chunky**, but you should probably lose some weight.

きみのことをずんぐりしているなんて言いたくはないけど、多分体重を減らすべきだよ。

※ chunk とは「塊」のこと。そこから塊のように縦の長さはないものの、横幅ががっしりしているものを指す。

▶ porky ブタみたいな

He hated gym class because other children teased him and called him **porky**.

ほかの子供たちが彼をからかってデブというので、彼は体育の授業が嫌いだった。

※元の語が pork（ブタ肉）であるように、「ブタのように太った」という侮蔑的な言葉になる。

74
おしゃれな

fashionable / in fashion / smart
sophisticated / stylish

基本例文 | **She's a fashionable dresser.**
（彼女はオシャレだね）

大げさな言い方
sophisticated
stylish
基準となる形容詞 ➡ fashionable
smart
in fashion
控えめな言い方

❶ sophisticated　センス抜群の

　洗練され上品でデザインセンスも抜群、さらに知的なニュアンスもある…と文句なしにおしゃれな様子を表わす。sophisticated calculator（高性能の計算機）や sophisticated company（先端企業）のように、ほかよりも一歩先を行くイメージがある。人のファッションをほめる場合、最上級の表現となる。

She always looks **sophisticated**, wearing all the latest fashions.
彼女はいつも最新ファッションを身につけていてセンス抜群だ。

❷ stylish　粋な、センスの良い

　「粋な」という言葉がピッタリで、その人自身のセンスの良さを強く感じさせる語。「当世風な」というニュアンスがあるため、若い年代がよく使う。

stylish kitchen（おしゃれなキッチン）のように、服だけでなく、さまざまなものに用いることが可能。

I wish I could look as **stylish** as he does.
彼みたいにセンスよくなれたらな。

❸ fashionable おしゃれな

個性的なセンス云々はともかくとして、流行を押さえていておしゃれな時に用いる。fashionable boutique（高級ブティック）や fashionable gathering（流行に敏感な有名人の集まり）など、「流行に関心のある人が利用する」というニュアンスもある。

She's always **fashionable**, but her boyfriend dresses like a bum.
彼女はいつもおしゃれだけど、彼女のボーイフレンドはホームレスみたいな格好だ。

❹ smart 流行の、こざっぱりした

最新の流行を反映しておしゃれな様子をいう。smart brand（最新流行のブランド）や smart store（流行の店）などの言い方は、流行の先端でいるだけでなく、粋であか抜けたセンスの良さも感じさせる。

You look **smart** in those new jeans.
その新しいジーンズ、今風に見えるね。

❺ in fashion 今風な

「今の流行に合っているかどうか」に焦点を当てた語。形容詞ではないが、日常会話で非常によく耳にする表現なので覚えておいてほしい。ファッション全体というより、スカートやアクセサリーなど、身につけている個々のものに対して使うことが多い。反対語は out of fashion（時代遅れ）。

I don't spend a lot on clothes, but I try to stay **in fashion**.
洋服にあまりお金をかけないけど、今の流行は押さえるようにしている。

75
かっこ悪い

out of fashion / tacky / ugly / unappealing / unattractive

基本例文 ▶ **His clothes were unattractive.**
（彼の服はかっこ悪かった）

大げさな言い方
- ugly
- tacky
- unattractive （基準となる形容詞）
- unappealing
- out of fashion

控えめな言い方

❶ ugly　最悪の

人の容貌だけでなく、服装などの外見の見苦しさにも用いる。思わず顔をしかめてしまうような、最悪のファッションやセンスを指す。「醜い、見苦しい」といった非常にネガティブな意味合いとなる。

She told me I look **ugly** in my favorite sweater.
ぼくがお気に入りのセーターを着ていたら最悪だって彼女はいった。

❷ tacky　悪趣味な

ファッションセンスの悪さ、品のなさを表わす。安っぽく、下品なニュアンスもある。tacky tie（悪趣味なネクタイ）や tacky joke（下品な冗談）など、その人自身のセンスの悪さを指す。個々の物に対して用いることが多い。

I'm sorry, but your high-heeled shoes look a little **tacky**.
悪いけど、きみのハイヒールはちょっと悪趣味だね。

❸ unattractive　かっこ悪い

「魅力的でない」というより「似合わない」に近い強い否定のニュアンスがあるため、「パッとしない、かっこ悪い」という意味で使われる。unattractive dress（似合わないドレス）や unattractive skin（荒れた肌）などのように使うが、unattractive のフレーズは本人を前にしていわないほうがいい。**unfashionable** も同義だと思うかもしれないが、ファッションに対してはあまり使わない。unfashionable club（流行っていないクラブ）など、おもに場所や考え方に使う。

I think gaudy, oversized earrings make women **unattractive**.
派手で大きすぎるイヤリングを女性がつけてもかっこよくない。

❹ unappealing　今ひとつ

日本語だと「魅力がない」と訳されることが多いが、ネイティブの感覚としてはもう少しネガティブなニュアンスが強い。「今ひとつかっこ悪い」といったイメージだ。unappealing manner（今ひとつのやり方）や unappealing speech（今ひとつなスピーチ）など、ややさえない状態をいう。

You look fine with lipstick, but I think that color is a little **unappealing**.
口紅をつけると素敵だけど、その色は今ひとつだね。

❺ out of fashion　流行遅れ

in fashion（流行の）の反対語。直訳すれば「流行から外れて」だが、out of ... はある程度の距離を置いているニュアンスになる。そのため「流行から置いてきぼりになった」→「前の時代のものになる」→「流行遅れ」というイメージ。「古くてダサい」をいうならこの表現がピッタリ。

She used to spend a lot on clothes, but now they're all **out of fashion**.
彼女はよく洋服にお金を使っていたけど、今ではそれもみんな時代遅れだ。

76 幸せな

ecstatic / glad / happy / joyful / pleased

基本例文　**I feel happy today.**
（今日は幸せだ）

大げさな言い方
ecstatic
joyful
基準となる形容詞　happy
glad
pleased
控えめな言い方

❶ ecstatic　有頂天の

　我を忘れるほどの幸福感を味わっているような時に使う語。ecstatic look（恍惚とした表情）のように、喜びのあまり忘我状態になっている様子を表わす。ecstatic crowds（熱狂的な群衆）などで、「興奮」のニュアンスを伝える。

　She was **ecstatic** to hear her application to study abroad was approved.
　留学の申請が認められたと聞き、彼女は有頂天だった。

❷ joyful　喜んでいる

　喜んだり楽しんだりしている状態を指す。joyful heart（喜びにあふれた心）やjoyful prospect（前途洋々）など、喜びに満ちあふれている、非常にポジティブな様子をいう。

It seems like most people feel **joyful** during the Christmas season.
クリスマスシーズンの間は、ほとんどの人が楽しんでいるように見える。

❸ happy 幸せな

自分の希望や願いが叶ったことで、喜びや満足を感じる様子を表わす。楽しいこと、うれしいことなど、さまざまな喜びを伴う表現に使える、用途の広い言葉。happy accident（うれしい偶然）のように、「幸運な」というニュアンスもある。

I'm so **happy** to hear you're going to get married.
あなたが結婚すると聞いてとてもうれしいわ。

❹ glad 喜んで

無理だと思っていた願い事が叶ったり、思いがけず良い結果が得られた時に使う語。glad about / at / of ...（…がうれしい）など、ほっとした喜びと感謝のニュアンスがある。I'm glad you ...（…してくれてうれしい）は、相手に対する感謝の気持ちを表わす定番表現。

We were **glad** when the boss announced he wouldn't cut anyone's salary.
誰の給料も減らすつもりはないと社長が発表したのを聞いて、私たちは喜んだ。

❺ pleased うれしい

うれしさを表わす一般的な語。うれしくて仕方ない、というより喜びの気持ちを冷静に表明しているようなニュアンスになる。pleased face（満足げな顔）のように、満足感を表わす意味合いもある。

The parents were **pleased** that the children didn't have class on Saturday.
子供たちが土曜日に授業がなくて両親は喜んだ。

77
悲しい

blue / depressed / down / gloomy / sad

基本例文   **The news made her sad.**
（その知らせは彼女を悲しませた）

大げさな言い方
- gloomy
- depressed
- sad ← 基準となる形容詞
- blue
- down

控えめな言い方

❶ gloomy　ふさぎこんだ

　天候や室内の暗さだけでなく、人の気分の暗さも表わす。gloomy face（沈鬱な顔）や gloomy news（暗いニュース）のように、かなり悲観的な陰鬱さ、ふさぎ込んだ様子を表現する。すぐには明るい気分になれないような、やや深刻な暗澹たる気分を指す。

The company's finances are so bad that everyone is **gloomy** now.
会社の財務状況が非常に悪いので、今はみんなふさぎこんでいる。

❷ depressed　意気消沈して

　悲しい出来事により、しばらくの間うちひしがれた状態が続く様子をいう。日本語の「意気消沈して、落胆して」に近い感覚を指す。depressed book sales（本の売り上げ不振）や depressed industry（斜陽産業）のように、「不景気の」という意味でも使われる。

After her grandmother died, she was **depressed** for weeks.
祖母の死後、彼女は何週間も意気消沈していた。

❸ sad　悲しい

悲しさを表わすもっとも一般的な語。sad death（悲痛な死）や sad disaster（痛ましい惨事）のように、心が痛む有様を表現する。sad hotel（みすぼらしいホテル）や sad coward（あきれた軟弱者）など、「残念な、ひどい」という意味もある。

Of course it's **sad** to lose a pet, but you shouldn't feel so sad for a fish.
ペットを失うのはもちろん悲しいことだけど、魚1匹のためにそこまで悲しまなくてもいいんじゃない。

❹ blue　憂鬱な

blue には「（色の）青」だけでなく、「憂鬱な」という意味もある。かつて奴隷は空が青く晴れた日には過酷な労働をせねばならず、そこから憂鬱な気分 = blue と表現するようになった…という話もある。I feel blue.（嫌だな）より、I have the blues.（憂鬱だな）のほうが、より重苦しい気分を表わす。

I'm starting to feel **blue** after being away from my girlfriend for so long.
ガールフレンドとこんなに長い間離れていて、憂鬱になってきた。

❺ down　落ち込んだ

涙を流すほどの悲しい思いはしないまでも、心配事が頭から離れないような時に使う。気分が晴れない、元気がないといった状態を表わし、「落ち込む、へこむ」というニュアンスがぴったりだ。

All this rainy weather makes me feel **down**.
この雨模様の天気が私を落ち込んだ気分にさせるんだ。

78
自信のある、確信して

cocksure / confident / convinced / positive / sure

基本例文 ▶ **I was convinced I was right.**
（私は自分が正しいと確信していた）

大げさな言い方
- cocksure
- confident
- convinced ← 基準となる形容詞
- positive
- sure

控えめな言い方

❶ cocksure 自信過剰な

　語源は、cock（雄鶏）が自信たっぷりに大声で「コケコッコー」と鳴くことから、という説がある。自信たっぷりな態度があまりにも過剰な様子を表わし、そのうぬぼれの強さを揶揄するニュアンスもある。

He was so cocksure in his ability that he took huge risks.
彼は自分の能力にかなり自信たっぷりだったので、大きな危険を冒した。

❷ confident 自信に満ちた

　自信に満ちあふれた様子をいう。confident manner（自信たっぷりな態度）や confident look（自信たっぷりな顔つき）など、あまりにも自信たっぷりなことから「大胆な、生意気な」という批判的なニュアンスもある。

People will invest much more when they're **confident** in the market.
市場に自信があれば人々はもっと投資するだろう。

❸ convinced 確信して

何らかの証拠や根拠があり、それをもとに確信できるような場合に用いる。自分が信じるものに、絶対的信頼を置いているニュアンスがある。be convinced of ...（…を確信して）の言い回しでよく使われる。

I think he's **convinced** he's right, so he might not listen to your opinion.
彼は自分が正しいと確信しているから、きみの意見を聞こうとしないかもしれない。

❹ positive 確信して

「ポジティブ」という言葉は「積極的な」という意味で日本語としても定着しているが、ネイティブは「答えが明確で、まったく疑う必要のない状態」を表わすためによく使う。そのため、I'm positive. は「私は積極的です」ではなく「間違いありません」、I'm positive (that) ... なら「…は確かだ」という自信たっぷりな言い回しとなる。何かに確信を持って答える際によく使うので、ぜひ覚えておいてほしい。

I'm **positive** you left your bag in the office. Try looking there again.
きみが会社にカバンを置いてったのは間違いないよ、もう一度そこで探してごらん。

❺ sure 確信して

しっかりした証拠や根拠に基づいて、何かを確信している時に用いる。be sure of ...（…を確信して）などの言い回しで表現することが多い。sure bet（まず間違いないこと）や sure cure（根治法）など、対象に全幅の信頼を置いているニュアンスがある。

Are you **sure** the movie starts at 8:00?
その映画が8時に始まるのは確かなの？

79
困惑した

baffled / bewildered / confused / perplexed / puzzled

| 基本例文 | I'm confused. (困惑している) |

大げさな言い方
bewildered
baffled
← 基準となる形容詞　confused
perplexed
puzzled
控えめな言い方

❶ bewildered 混乱した

さまざまな情報や物事が入り交じり、訳がわからなくなった状態をいう。bewildered face（混乱した顔）や bewildered patient（混乱状態にある患者）など、かなり混乱してどうすればいいかわからない狼狽した様子を表わす。

I was so **bewildered** by his request that I couldn't respond.
彼の要求にすっかり混乱してしまったので返事ができなかった。

❷ baffled 当惑した、途方に暮れた

混乱状態を前にして困り果て、途方に暮れたような状態をいう。be baffled by ...（…に面食らう）や be baffled at hearing that ...（…と聞いて困惑する）のような言い回しで使うことが多く、どう判断すればいいかわからず複雑な気

持ちでいることを表わす。

> She wants to quit her job, but she's **baffled** what she would do then.
> 彼女は仕事を辞めたいが、それから何をやるか途方に暮れている。

❸ confused 困惑した

物事が整理できなくなり、迷い困った状態をいう。confused reaction（困惑した態度）や confused look（困惑した表情）には、どうすればいいのか判断ができず、もてあました感情が含まれる。

> With all the candidates in this election, I'm really **confused** about who to vote for.
> この選挙の候補者があれだけいるので、誰に投票しようかとても困っている。

❹ perplexed まごついた

どうすればいいか判断がつかず、まごまごした状態を表わす。perplexed manner（まごついた様子）や perplexed expression（うろたえた表情）など、感情の場合は perplexed が使われるが、物事に対しては perplexing が用いられる。perplexed question（込み入った問題）のように、「複雑な、面倒な」という意味もある。

> My father was **perplexed** by how the robber could break in so easily.
> 泥棒がそんなにやすやすと侵入できたことに、父はうろたえていた。

❺ puzzled 戸惑った

どう対応すればいいかわからず、うろたえた状態をいう。be puzzled by ...（…に戸惑う）の言い回しでよく使う。「困る」まではいかないものの、ちょっと考えてしまうような様子をいう。

> Everyone was **puzzled** by his decision to quit the bank and work for an NPO.
> 銀行を辞めて NPO で働くという彼の決断にみんなが戸惑った。

80
すばらしい

awesome / fabulous / good / great / wonderful

基本例文 ▶ **That's wonderful news.**
（それはすばらしいニュースだ）

大げさな言い方
- awesome
- fabulous
- 基準となる形容詞 ▶ wonderful
- great
- good

控えめな言い方

❶ awesome 畏敬の念を抱かせる

　人やものの出来映えがあまりにもすばらしく、思わず尊敬してしまうような場合に用いる。totally awesome（最高）や just awesome（すばらしいの一言だ）など、口語でもよく使われる強いニュアンスのほめ言葉。感情がこもって聞こえるので、日常的に使える。ネガティブに使う場合は、「ひどい、おそろしい」と逆の意味で程度がはなはだしいことを表わす。

He's an **awesome** chef—everything he makes is almost a masterpiece.
彼はすばらしいシェフだ——彼が作るものはどれもほとんど絶品といっていい。

❷ fabulous すばらしい

　本来の意味は「信じられないほどの、途方もない」と程度がものすごいこ

とを表わすが、口語では「すばらしい」くらいの軽い意味合いで使われる。fabulous party（すばらしいパーティ）やfabulous counterattack（見事な反撃）などには、わくわくドキドキするような期待感が込められている。

She was a **fabulous** host, and everyone really enjoyed the party.
彼女はすばらしいホストで、みんなパーティを大いに楽しんだ。

❸ wonderful　すばらしい

良いことに感激した際に用いる語。wonderful performance（すばらしい演技）のように見事なことへの感動を表わすほか、wonderful experience（不思議な経験）など、思いがけないことに対する驚きのニュアンスも表現する。

He was a **wonderful** tour guide who really knew the city.
彼はその町のことをとてもよく知っているすばらしいツアーガイドだった。

❹ great　すごい

「すごい、なかなかいい」など、人やものの良さ・すばらしさを強調する語。ただしwonderfulほどの感動はないため、wonderful ＞ greatとなる。great work（すばらしい作品）やgreat accomplishment（偉業）など、ほめ言葉として使われる。

He's a **great** friend who always gives help when you need it.
彼は必要な時にはいつも助けてくれるすばらしい友人だ。

❺ good　良い

もっとも一般的な「良い」という意味の語だが、ほかの単語と比べると「少し良い」くらいのニュアンスとなる。感動を伝えるのであれば、veryやreallyを添えて強調するといいだろう。

He's basically a **good** person, although sometimes he has a short temper.
彼は基本的には良い人だけど、時々短気を起こす。

81
ひどい

bad / crappy / horrible / lousy / terrible

基本例文 He was a terrible teacher.
（彼はひどい先生だった）

大げさな言い方
- crappy
- horrible
- **terrible**（基準となる形容詞）
- lousy
- bad

控えめな言い方

❶ crappy　クズみたいな

元の語 crap は「クズ」という意味のため、crappy は「クズ同然で価値のない」という意味合いになる。そのため口語で使われる feel crappy（胸くそ悪い）や have a crappy thought（くだらないことを考える）などの言い回しは、フォーマルな場で用いるべきではないだろう。

He was such a **crappy** professor. I didn't learn a thing in his class.
彼は教師のクズだった。彼の授業では何一つとして学ぶことがなかった。

❷ horrible　最悪な

実に不快で、ぞっとするほどの嫌悪感を覚える様子をいう。horrible hangover（ひどい二日酔い）や horrible atrocities（ひどい残虐行為）などは、

非常に否定的な意味合いになる。また horrible monster（身の毛もよだつ怪物）のように、鳥肌が立つほどの恐怖感も表わす。

He spent too much time at work and was a **horrible** father and husband.
彼は仕事にばかり時間を費やし、父親や夫としては最悪だった。

❸ terrible ひどい

嫌悪感を覚えるほどひどい状態をいう。terrible hardship（ひどい苦難）や terrible wine（まずいワイン）など、非常に不快な思いを表わす。terrible crime（おそろしい犯罪）のように「怖い」という意味合いもあり horrible と似ているが、ネイティブの感覚からすれば、一般的な「ひどい」は terrible で、さらに程度がはなはだしい場合に horrible を使う。

You know a lot about food, but you're a **terrible** cook.
きみは食べ物のことはよく知っているけど、料理の腕前はひどいよ。

❹ lousy 嫌な

ほかに「不潔な、卑劣な、ひどい」という意味もあるように、生理的に嫌悪感を覚えるような時に使う。lousy excuse（たちの悪い言い訳）や lousy idea（あさましい考え）のように、主観的なネガティブさを非常に強く表わす。

I'm sorry I've been such a **lousy** boyfriend lately.
最近、ずいぶん嫌な恋人だったことを謝るよ。

❺ bad 悪い

非常に幅広く、さまざまなものの悪い状態（邪悪さ、痛み、不快さ、程度の激しさなど）を表わす。lousy ほどの主観的なネガティブさは感じられず、やや客観的に聞こえる。また、ここに挙げたほかの語ほどの深刻さはない。

He's a **bad** friend. Don't trust him.
彼は悪い友人だ。彼を信じるな。

82
威張った

arrogant / conceited / proud / stuck-up / uppity

基本例文　**He's so arrogant.**（彼はひどく傲慢だ）

批判的な言い方
- conceited
- stuck-up
- arrogant　←基準となる形容詞
- uppity
- proud

控えめな言い方

❶ conceited　高慢な、うぬぼれの強い

他者よりも自分のほうが上だと、思い上がっている様子を表わす。conceited attitude（うぬぼれた態度）や conceited youngster（生意気な子供）のように、他人から見ると不愉快になるほど威張った態度を示す。

> It's **conceited** of him to think he's the only person that can make a decision.
> 決断を下せるのは自分だけだと思うのは彼のうぬぼれだ。

❷ stuck-up　生意気な

偉そうにお高くとまって、生意気そうな様子を表わす。語源は、かつてお金持ちが鼻を上に向けて偉そうに嗅ぎタバコを吸っていたことからだという。

look stuck-up（お高くとまっている）などツンと取り澄ました態度を指し、**snobbish**（上流気取りの）と似たニュアンスがある。

> At first I thought she was **stuck-up**, but she was just too shy to talk.
> はじめ彼女はお高くとまっていると思ったけど、恥ずかしがって、あまりしゃべらなかっただけだ。

❸ **arrogant** 威張った

自信過剰で、他人に対しても自分の主張を押しつけるような威張った態度をいう。arrogant attitude（横柄な態度）や arrogant claims（傲慢な要求）など、周囲からは煙たがられ、無礼とすら思われるイメージ。

> Yes, I agree he has talent, but he doesn't need to be so **arrogant**!
> 確かに、彼に才能があるのはわかるけど、そんなに傲慢でいるべきではないよ。

❹ **uppity** 偉そうな

「図々しい、偉そうな」など、思い上がった態度を揶揄した表現。Don't be so uppity.（偉そうにするな）や Don't get uppity on me.（偉そうな口をきくな）などのフレーズで、おもに口語で使われる。元の語は **uppish** だが、最近は uppity ということのほうが多い。

> Some people think she's **uppity**, but I think she's easy to get along with.
> 彼女を威張っていると思う人もいるが、私は付き合いやすい人だと思う。

❺ **proud** 自尊心が強い

元の語が pride（誇り）であるように、自分の言動に強い自信をもった態度をいう。proud achievement（輝かしい業績）には自尊心がうかがえるが、嫌みなニュアンスはさほどない。

> He's a **proud** guy, so he's sensitive about what others think of him.
> 彼は自尊心の高い男だから、他人が自分をどう思っているかいつも気にしている。

2 「人」に関する形容詞

83
有名な

famous / legendary / popular / prominent / well-known

基本例文 She wants to be a famous singer.
（彼女は有名な歌手になりたがっている）

大げさな言い方
- legendary
- popular
- famous ← 基準となる形容詞
- prominent
- well-known

控えめな言い方

❶ legendary　伝説的な

　伝説に残るほど著名な場合に用いるが、実存しない伝説上のもの（トム・ソーヤなど）と、伝説になるほど有名なもの（レディ・ガガなど）の2種類がある。一般的に、legendary Hollywood star（伝説のハリウッドスター）というには、ある程度継続的に「有名な状態」が続いたものでなければいけない。

She was a **legendary** singer who sold millions of records.
彼女はミリオンセラーを出した伝説的な歌手だった。

❷ popular　広く知られている

　広く大衆に知られていること、また人気があることを表わす。famous に近い言葉だが、人から好かれているというニュアンスがより強い。popular music（大衆音楽）や popular actor（人気俳優）など、一般大衆から支持されているような場合に使う。

This manga character is **popular** all over the world.
このマンガのキャラクターは世界中で人気がある。

❸ famous 有名な

元の語が fame（名声）であるように、famous player（著名な選手）や famous historical figure（有名な歴史上の人物）など、何かよいことをして多くの人に知られている場合に用いる。famous performance（すばらしい演技）のように、「すばらしい、素敵な」という意味もある。

The police officer who saved the president's life became instantly **famous**.
大統領の命を救った警官は、あっという間に有名になった。

❹ prominent 高名な

日常的に使うのは prominent landmark（よく目立つ目印）のような「目立つ、人目を引く」の意味だが、人に対して使う時は、prominent writer（高名な作家）のように、偉くて有名な場合に使う。famous より人数的に少ない、ごくわずかな突出した存在を示すが、famous よりは控えめな言い方となる。

He's a **prominent** politician for most of his life.
彼は人生のほとんどを高名な政治家として生きている。

❺ well-known よく知られている

この「よく知られている」は、「誰でも知っている」ではなく「ある範囲でよく知られている」という限定的な意味だ。そのため well-known in politics（政界でよく知られた）のように、「…で有名な」という表現で使われることが多い。

He's **well-known** for his humorous novels.
彼はユーモア小説でとてもよく知られている。

84
無名の

anonymous / nameless / obscure / unknown / unsung

基本例文 **She's an unknown singer.**
（彼女は無名の歌手だ）

客観的な言い方
- anonymous
- nameless
- unknown ← 基準となる形容詞
- unsung
- obscure

主観的な言い方

❶ anonymous 匿名の

anonymous contribution（匿名の投書）や anonymous tip（密告）など、名前を出すことで実害を受けるのを避けるため、あえて名前を隠したい場合に用いる。「特徴や個性がない」という意味もある。

Many people will write nasty emails if they think they can stay **anonymous**.
匿名だと思うと、多くの人がたちの悪いメールを書く。

❷ nameless 無名の、名のない、匿名の

nameless には、「無名の」「名のない」「匿名の」の３つの意味があるので、どの意味かは文脈から判断しなくてはいけない。さらに nameless fears（名

状しがたい不安）や nameless cruelties（言語道断な残虐行為）のように、「言い表わせないほどの」という意味でも使われる。

It's a shame that he always worked so hard but remained nameless.
彼はいつも一生懸命働いていたのに、無名のままだったのは気の毒だ。

❸ unknown　無名の

直訳すると「知られていない」であり、そこから「有名ではなくて知られていない」と「未確認でまだわからない」の2種類の意味になる。人に対しては、おもに「有名ではない無名の者」の意味で使われるが、unknown intruder（未知の侵入者）や unknown term（意味不明の言葉）のように、「未確認でまだ解明されていない」という意味合いにもなる。

It was a big risk to choose an unknown actor for the lead role.
主役に無名の役者を選ぶのは大きなリスクだった。

❹ unsung　陰の

言葉本来の意味は「歌われていない」だが、そこから「賛美（称賛）されていない」となる。たとえば unsung heroes は「称賛されていないヒーロー」、つまり「陰のヒーロー」となり、「世間に知られていない」という意味合いになる。

The team was a success because of the unsung players.
陰のヒーローともいえる選手たちのおかげで、そのチームは成功した。

❺ obscure　目立たない

本来の意味は音や形が「はっきり見えない」だが、そこから「不明瞭ではっきりしない」→「目立たない、知られていない」となる。obscure language（あまり知られていない言語）や obscure player（無名の選手）のように用いる。

I was surprised that such an obscure book could be so interesting.
こんなに目立たない本がこれほど面白いとは驚いた。

85 速い

fast / quick / rapid / speedy / swift

基本例文　**She's a fast worker.**
（彼女は仕事が速い）

大げさな言い方
- swift
- rapid
- fast ← 基準となる形容詞
- speedy
- quick

控えめな言い方

❶ swift　即座の

「敏速な、迅速な」などとも訳される、「速い」をより一層強調した語。swift economic growth（急速な経済成長）や swift current（急流）のように勢いのあるイメージがある。fast や rapid よりフォーマルに聞こえる。swift student（飲み込みの早い生徒）など、「賢い」という意味もある。

The judge heard all the evidence, then made a **swift** decision in one minute.
裁判官はすべての証拠を審理し、1分で迅速な判決を下した。

❷ rapid　急速な

rapid increase（急増）や rapid development of information technology（情

報技術の急速な発展）など、急激な変化や発展などに用いることが多い。fast や quick よりやや堅いイメージがある。

That pizza restaurant is popular for its **rapid** deliveries.
あのピザ屋は配達の素早さで人気だ。

❸ fast 速い

動作の素早さや、運動自体のスピードの速さを表わす。fast businessman（やり手のビジネスマン）や fast pace（速い速度）のように、さまざまなものの速さを形容するのに使える。なお fast は、「速い」以外に「固定した」という意味でもよく使うので覚えておきたい。

She looks **fast**, but she's never won a race.
彼女は速そうだけど、まだ1度もレースで勝ったことがない。

❹ speedy 迅速な

行動の素早さや、運動自体のスピードの速さを表わす。「迅速な、即時の」という意味で用いられ、時間を置かず即座に行動に移るニュアンスを示す。speedy answer（即答）や speedy disposal（即時処分）のように、速やかに何かをする場合に用いる。

Thanks for your **speedy** reply to my request.
私の要望に迅速に対応していただき、ありがとうございます。

❺ quick 素早い

行動の素早さや、時間の短さなどを表わす。非常に短い時間を意味する語。quick action（迅速な行動）や quick at learning（物覚えが良い）のように、行動の速さをポジティブに評価するニュアンスがある。quick mind（理解が速い）や quick ear（鋭敏な耳）など、「利口な、鋭い」の意味合いもある。

You can get a **quick** passport photo at that automatic photo booth.
あそこの自動写真機でパスポート用の写真が早く手に入るよ。

86
遅い

leisurely / lifeless / slow / sluggish / unhurried

基本例文 ▶ **He was a slow worker.**
（彼は仕事が遅かった）

批判的な言い方
- lifeless
- sluggish
- slow （基準となる形容詞）
- unhurried
- leisurely

好意的な言い方

❶ lifeless 動きがない

「生命をもたない、死んでいる」という意味もあるように、「遅い」を通り越して動きがなく、活気が感じられない様子をいう。そこから lifeless party（盛り上がりのないパーティ）や lifeless office（活気のない職場）など、動きもなくどんよりと沈んだ状態を表わす。

I had a **lifeless** day at work. There's nothing for me to do.
職場でまったく活気がなかった。やることが何もないんだよ。

❷ sluggish のろのろした

動きののろさ、鈍さを表わし、そこから活気のなさなども表現する。「ゆっくりした、のろのろした」のように、ふつうの「遅い」という感覚よりさらに

遅い様子をいう。そこから sluggish consumption（消費の低迷）や sluggish worker（仕事が怠惰な人）などネガティブなニュアンスでも使われる。

We really are in a hurry, so don't be so **sluggish.**
すごく急いでいるから、あんまりのろのろしないで。

❸ slow　遅い

もっとも一般的な、時間や速度の遅さを表わす語。slow growth（ゆっくりした成長）など、何かで手間取って時間がかかる様子をいう。slow to learn（物覚えが悪い）のように、頭の動きの鈍さや性質的なのろさ、退屈さなども表わす。

That restaurant has good food, but the service can be very **slow**.
あのレストランは、食事はおいしいけど、サービスはすごくゆっくりなことがある。

❹ unhurried　急がない

unhurried pace（のんびりしたペース）や unhurried education（ゆとり教育）など、「急がない、ゆっくりした」という意味で用いる。自分のペースを崩したくはないというニュアンスがある。ほかに、軽々しい行動をせず「慎重な」という意味でも使われる。

I'm looking forward to an **unhurried** life when I retire.
引退後はゆっくりした生活が楽しみだ。

❺ leisurely　のんびりした

「くつろいだ、のんびりした」など、あくせくと時間に追われず余裕をもって過ごす様子を表わす。leisurely cruise（ゆったりしたクルーズ）や leisurely weekend（のんびりした週末）のように、楽しみながら時間を費やすニュアンスがある。

They want a **leisurely** vacation, so they'll only visit one city.
彼らはのんびりとした休暇を過ごしたいから１つの都市しか滞在しないだろう。

87
安全な

benign / harmless / innocuous / risk-free / safe

基本例文　**This medicine is safe.**
（このクスリは安全だ）

やや大げさな言い方
- risk-free
- harmless
- 基準となる形容詞 → safe
- innocuous
- benign

控えめな言い方

❶ risk-free　リスクのない

おもに投資関連のビジネスで耳にする語。risk-free assets（安全資産）や risk-free investment（安全投資）のような用語で使われる。「危険を伴わないから安全だ」という意味合いになる。

He's such a cautious person that he leads an almost **risk-free** life.
彼はとても慎重な人だから、人生のほとんどをリスクを冒すことなく過ごしている。

❷ harmless　安全性に問題のない

害はないので安全だ、という時に用いる語。harmless drug（安全性に問題のない薬）や harmless harvest（安全性に問題のない作物）など、実際に害を及ぼす恐れのないものを表わす。そこから harmless question（悪意のな

い質問）のように「罪のない」という意味合いもある。

The medicine has some minor side-effects, but it is basically **harmless**.
その薬にはちょっとした副作用があるが、基本的に安全性には問題ない。

❸ safe 安全な

危険や損害などの恐れがなく、安全な状態であることを表わす。safe agricultural products（安全な農作物）や safe handling（安全な取り扱い）のように使われる。類義語の **secure** は「安定していて（危険などを）恐れる必要がない」だが、safe は「（危険などがなく）安全な」となる。

This street has little traffic, so it's **safe** for school children.
この道路は交通量が少ないから、学童にも安全だ。

❹ innocuous 無害な

innocuous waste（無毒の廃棄物）や innocuous error（無害な間違い）など、「無毒な」のほか、「（言動などが）害がない、危害を加えない」の意味で使える。そこから派生して、innocuous remark（無難な意見）のように「当たり障りのない」という意味合いもある。

He acts really strange, but he's actually **innocuous**.
彼はとても変わり者だが、実際に害はない。

❺ benign 害がなくて優しい

benign tumor（良性腫瘍）のように、元は医学用語で「良性の」を意味する語。そこから、environmentally benign（環境に優しい）や benign course（良好な経過）のように、影響や効果が安全で無害な様子を表わす。また benign smile（温和な微笑み）など、気候や人柄の穏やかさ、温和さも意味する。

George doesn't seem very friendly, but he's **benign**.
ジョージは優しそうに見えないけど、悪いやつじゃないよ。

88
危険な

dangerous / hazardous / perilous / risky / unsafe

基本例文 That's a dangerous place.
（そこは危険な場所だ）

大げさな言い方
- perilous
- hazardous
- dangerous （基準となる形容詞）
- risky
- unsafe

控えめな言い方

❶ perilous 危険の多い

　おもに書き言葉として使われる、「危険な、冒険的な」という意味の語。perilous journey（危険な旅）や perilous situation（危険な状況）のように、身の危険に対して用いることが多い。

Race-car driving is one of the most **perilous** professions there is.
レースカーの運転はもっとも危険の多い職業のひとつだ。

❷ hazardous 有害な

　そのもの自体が危険性を帯びていて、「有害」とされる時に用いる語。hazardous contaminants（有害汚染物質）や hazardous food additives（有害食品添加物）のように、危険物質を表わす語とともに用いられることが多い。

害があるだけでなく、危険に満ちているというニュアンスがある。

> Most people now realize smoking is **hazardous** to your health.
> 喫煙は健康にとって有害だということを、今ではほとんどの人が理解している。

❸ dangerous 危険な

人に対して用いると「危害を加える」、ものや状況に対して用いると「危険を伴う」という意味になる。たとえば dangerous individual（危険人物）は人に危害を加えるような危ない人のことだが、dangerous chemicals（危険な薬品）はそれ自体が危険なものをいう。

> In that country, it's probably **dangerous** to leave your hotel at night.
> その国では、夜にホテルから出るのはおそらく危険だ。

❹ risky リスクを伴う

先々のことに対する危険性の高さを表わす。risky reform（リスクを伴う改革）や risky investment（冒険的投資）などは、失敗する可能性が高いことを暗示する。risky attempt（大胆な試み）のように、「大胆な」というニュアンスもある。

> That ladder is pretty old and probably **risky** to climb on.
> そのはしごはかなり古いから、多分のぼるのはリスクを伴う。

❺ unsafe 安全ではない

言葉どおりに訳すと「安全ではない」だが、実際には「危険な、物騒な」に近く、かなり危険の度合いが高いことを表わす。unsafe condition（危険な状況）や unsafe sex（安全でない性行為）のように、「不確かな、不安な」というニュアンスも示す。

> The travel agent said the water is **unsafe** to drink, so we need to be careful.
> 旅行代理店のスタッフは、水を飲むのは危ないから気をつけなくてはいけないと言った。

89
（痛みが）激しい

acute / bad / excruciating / severe / sharp

基本例文 The pain was acute. (激しい痛みだった)

大げさな言い方
excruciating
severe
基準となる形容詞 → acute
sharp
bad
控えめな言い方

❶ excruciating　耐えがたい

痛みがあまりにひどく、耐えがたいほどの時に使う。excruciating headache（耐えがたい頭痛）や excruciating pain in one's joints（耐えがたい関節痛）など、これ以上ないほどの激烈な痛みを表わす。**intolerable** や **unbearable, unendurable** も同様に使える。

I'm going to the hospital if this **excruciating** pain doesn't stop.
この耐えがたい痛みが治まらなかったら、病院に行こう。

❷ severe　深刻な

ケガの痛みが激しい時、病気がひどく重い時などに使う。severe wound（重傷）や severe disease（重病）など、症状が重くやや深刻な状態を表わす。

ほかに severe air pollution（深刻な大気汚染）や severe heat（酷暑）のように、さまざまなものの「厳しい、過酷な」状態も表わす。同義語として、**intense** もほぼ同じ意味合いで使える。

The pain from the operation was so **severe** that he needed morphine.
手術の痛みがあまりに激しかったので、彼にはモルヒネが必要だった。

❸ acute 激しい

「重大な」「（先端が）鋭い」という意味もあるように、突然の猛烈な痛みをいう。acute pain（激痛）や acute bleeding（ひどい出血）など、急を要する激しい痛みを表わす。そこから acute alcohol poisoning（急性アルコール中毒）のように、「急性…」という病名にも使われる。

The mother had **acute** labor pains, but the baby was born safely.
母親は急に陣痛を感じたが、赤ちゃんは無事に生まれた。

❹ sharp 鋭い

さまざまなものの刃物のような鋭さを表わすのに使い、刺すような鋭い痛みも表現する。日本語の「キリキリ痛む」「差し込むような痛み」という表現に近く、範囲は広くないものの1カ所が集中的に激しく痛む様子をいう。

I had **sharp** stomach pains from eating all that food, but I feel okay now.
その食べ物のせいで差し込むように胃が痛んだけど、もう大丈夫だ。

❺ bad ひどい

軽い痛みではないものの、severe や acute というほどではない時、bad と表現するといいだろう。bad は非常に便利な言葉で、程度の悪さを幅広く表わすことができる。具体的な痛みを表現できない場合、とりあえず bad といえば軽い症状ではないと伝わるはずだ。細かな痛みの度合いは McGill Pain Questionnaire を参照するといいだろう（☞ 196ページ参照）。

The patient said she had a **bad** pain in her stomach area.
その患者は腹部がひどく痛むと言った。

90
（痛みが）軽い

dull / mild / smarting / stinging / uncomfortable

基本例文　**He said the pain was dull.**
（彼は鈍い痛みだと言った）

やや強い言い方
- stinging
- smarting
- dull　← 基準となる形容詞
- mild
- uncomfortable

控えめな言い方

❶ stinging　チクチクする

元の語 sting が「刺す」という意味であるように、鋭利なものでチクチクと刺されるような痛みを表わす。stinging words（とげのある言葉）や stinging comment（とげとげしいコメント）のように、「辛辣な、とげのある」という意味もある。

Of course your arm is **stinging**, silly boy. You got stung by a jellyfish.
もちろん腕がチクチクするに決まってるよ、バカだね。クラゲに刺されたんだから。

❷ smarting　ヒリヒリする

ケガや火傷、炎症などによりヒリヒリとうずくような痛みのこと。外傷を smarting pain（ピリピリとしみる痛み）と表わすほか、be smarting under disappointment（失望して心を痛める）のように、悲しい心の痛みも表現する。

My big toe has been **smarting** all day after I accidentally kicked the wall.
うっかり壁を蹴ってしまい、1日中、足の親指がヒリヒリする。

❸ dull 鈍い

刃物の鈍さや感覚の鈍さにも使うように、ケガや病気でズキンズキンと痛む様子をいう。dull pain で「鈍痛」となり、しばらく痛みが続いているような状態を表わす。

Do you have any aspirin? I've had a **dull** headache all morning.
鎮痛剤を持ってる？ 午前中ずっと鈍い頭痛がするんだけど。

❹ mild 軽い、うずくような

「穏やかな、刺激の少ない」という意味で使われることが多いように、ケガや病気に用いると、「軽い、うずくような」という軽微な痛みを表わす。疼痛のように、シクシクする痛みに使う。

After bowling four games, I had a **mild** ache in my wrist.
ボーリングを4ゲームやったら、手首が少し痛くなった。

❺ uncomfortable ちょっとした

通常に比べ、少し違和感があるような状態を表わす。普段とは違う変な感じがするものの、病院に行くほどの具合の悪さではないような、ちょっとした不快感に用いる。uncomfortable pain（ちょっとした痛み）のように、「ちょっとした、多少の」というニュアンスを意味する。

I've got an **uncomfortable** sunburn, but it should be okay tomorrow.
ちょっと日焼けしたけど、明日には治るはずだ。

まとめて覚えたい形容詞 ● 6

91
痛みの度合い

　痛みの程度や性質がどのようなものかを調べるために、アメリカの多くの病院では、McGill Pain Questionnaire という問診票をよく使う。これは自分の症状に合致する「痛みの形容詞」に○をつけるもので、医者はその解答を元に診断を進める。痛みの程度を非常によく表わしたリストなので、ここに紹介しよう。

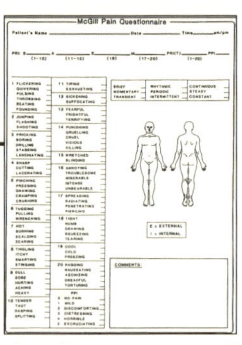

⇧ McGill Pain Questionnaire の問診票。このような用紙に書き込む

group	words
1	flickering, pulsing, quivering, throbbing, beating, pounding
2	jumping, flashing, shooting
3	pricking, boring, drilling, stabbing
4	sharp, cutting, lacerating
5	pinching, pressing, gnawing, cramping, crushing
6	tugging, pulling, wrenching
7	hot, burning, scalding, searing
8	tingling, itchy, smarting, stinging
9	dull, sore, hurting, aching, heavy
10	tender, taut (tight), rasping, splitting
11	tiring, exhausting
12	sickening, suffocating
13	fearful, frightful, terrifying
14	punishing, grueling, cruel, vicious, killing
15	wretched, blinding
16	annoying, troublesome, miserable, intense, unbearable
17	spreading, radiating, penetrating, piercing
18	tight, numb, squeezing, drawing, tearing
19	cool, cold, freezing
20	nagging, nauseating, agonizing, dreadful, torturing

それぞれのグループ内で、右の語ほど程度が重くなることを表わす

グループ	痛みのイメージ
1	チラチラ明滅するような、ビクビク脈打つような、ブルブル震えるような、ズキズキするような、割れるような、ガンガン叩かれるような
2	ピクッとするような、パッと走るような、鋭い・刺すような
3	針の先でチクリと刺されるような、錐で突き通すような、ドリルで穴をあけるような、刃物で刺すような
4	鋭い、切り裂かれるような、引き裂かれるような
5	つねられるような、圧迫されるような、かじられるような、けいれんするような、押しつぶされるような
6	グイッと引かれるような、引っ張られるような、ねじられるような
7	熱い、燃えるような、火傷したような、焼けつくような
8	ヒリヒリするような、ムズがゆいような、ピリピリするような、チクチクするような
9	鈍く痛むような、ヒリヒリ腫れたような、ズキズキ痛むような、うずくような、猛烈に痛むような
10	触られると痛い、ピンと張ったような、きしむような、割れるような
11	かったるい、ぐったりした
12	吐き気のする、息苦しい
13	心配な、恐ろしい、ぞっとするような
14	きつい・しんどい、ヘトヘトになるような、つらい、ひどく激しい、死にそうな
15	ひどく悪い、強烈な
16	うっとうしい、わずらわしい、つらい、激しい、我慢できないほどの
17	広がるような、放射状に広がるような、貫くような、突き刺すような
18	締めつけられるような、しびれたような、絞られるような、引っ張られるような、引きちぎられるような
19	ひんやりする、冷たい、凍るような
20	しつこい、吐き気を催すほどの、苦悶するほどの、ものすごくひどい、拷問のような

2 「人」に関する形容詞

索 引

※各項目の冒頭で「レベル分け」した5つの形容詞が詳しく解説されているページは、太字にした

A

a breeze 26, 28
a cinch 26, 28
a considerable number/
 amount of 55
a countless number of 52-53
a couple of 56, 58
a fair number of 55
a few 56, 58
a great deal of 53
(only) a handful of 56-57
a large amount of 52, 55
a large number of 52-53, 55
a little 56, 58
a little sweet 40-41
a lot of 52-53, 55
a meager supply of 56-57
a piece of cake 26, 28
a small amount of 56, 58
a small number of 56, 58
a snap 26, 28
aching 196-197
acute 192-193
adorable 138-139
affluent 120-121
afraid 148-149
aged 110-111
agonizing 196-197
alarmed 148-149
all right 90-91
almost no 56-57
aloof 98-99
American 79
amiable 94-95
ample 158, 160
amusing 82-83, 86-87
ancient 110

Anglo-Japanese 29
angry 118-119
annoyed 119
annoying 114-115, 196-197
anonymous 182
anorexic 154, 157
apathetic 136-137
appetizing 32-33
arrogant 178-179
awesome 174
awful 20-21, 35

B

bad 20-21, 35, 176-177, 192-193
baffled 172-173
beating 196-197
beautiful 138-139
beefy 126, 158, 160
benevolent 142
benign 188-189
bewildered 172
big 2-3, 66-67, 79, 158, 161
billions of 52-53
black 76-77
blah 38-39
bland 38-39
blinding 74, 196-197
blue 168-169
boiling hot 22
bold 104-105
bony 154, 156
bored 88-89
boring 84-85, 132-133, 196-197
boyish 108-109
brackish 36-37

brave 104-105
bright 74-75, 100-101
brilliant 74-75, 100
briny 36
broke 122-123
bulky 158, 160
burdensome 10-11
burly 126-127
burning 22, 196-197
burning hot 22, 42

C

callous 136
calm 116-117
callous 136
caring 150-151
challenging 30-31
charitable 142-143
cheap 16-17, 50-51
childish 108-109
chilly 24-25
chintzy 12
chubby 158-159
chunky 159, 161
clean 70-71
clever 101
cluttered 72-73
cocksure 170
cold 24-25, 96-99, 196-197
comforted 146-147
compact 8-9
complex 30-31
complicated 31
conceited 178
confident 170-171
confused 172-173
considerate 150-151
convenient 62-63

198

convinced **170-171**
cool **24-25, 98-99, 116-117, 196-197**
costly **15**
courageous **104-105**
courteous **150**
cowardly **106-107**
cramped **8**
cramping **196-197**
crappy **176**
crazy **118**
critical **66-67**
cruel **96, 152, 196-197**
crushing **196-197**
cute **138-139**
cut-price **16**
cut-rate **16-17**
cutting **196-197**

D
dangerous **190-191**
dark **76-77**
dark-brown **29**
deafening **114**
delicate **128-129**
delicious **32-33**
delighted **146-147**
deluxe **48-49**
demanding **10-11**
depressed **168-169**
destitute **122**
devoted **134-135**
difficult **30-31**
dim **76-77**
dirt cheap **16**
dirty **72-73**
dispensable **46-47**
distracted **88-89**
down **168-169**
drawing **196-197**
dreadful **196-197**
dreary **132**
drilling **196-197**
dry **84-85**

dull **194-195, 196-197**
dumb **102-103**
dynamic **124-125**

E
easy **26-28**
economical **144-145**
ecstatic **166**
edible **34-35**
elderly **110-111**
elementary **26-27**
emaciated **154, 157**
energetic **90-91,** 125
enjoyable **86-87**
enormous **2-3**
enthusiastic **134-135**
everyday **68-69**
exacting **152-153**
excellent **18,** 32
exciting **86-87**
excruciating **192**
exhausted **92**
exhausting **196-197**
exorbitant **14**
expansive **6-7**
expensive **14-15**
extravagant **48-49**

F
fabulous **174-175**
faint-hearted **106-107**
famous **180-181**
fancy **49**
fantastic **32**
fashionable **162-163**
fast **184-185**
fat **158, 160-161**
fearful **196-197**
feeble **128**
feel-good **29**
filthy **72**
filthy rich **120-121**
fine **18-19, 78, 90-91**
flabby **158, 161**

flashing **196-197**
flashy **130-131**
flat **38-39, 84-85**
flavorless **38-39**
flickering **196-197**
flimsy **12-13**
foolhardy **104**
foolish **103**
fragile **128-129**
frail **128-129**
freezing **24-25, 196-197**
frightened **148-149**
frightful **196-197**
frosty **24-25**
frozen **24**
frugal **144-145**
frustrated **118-119**
fun **86-87**
functional **62**
funny **82-83,** 87
furious **118**

G
gangly **154, 156**
gaudy **48, 130**
generous **142-143**
gentle **151**
giant **2-3**
gigantic **2**
ginormous **3**
girlish **108-109**
glad **146-147, 166-167**
glitzy **130-131**
gloomy **168**
gnawing **196-197**
good **18-19,** 79, 91, **174-175**
good-natured **94-95**
good-sized **2-3**
gratuitous **46**
great **18-19,** 32, 79, **174-175**
grimy **72-73**
gross **34**

grotesque **140-141**
grueling **196-197**
gung-ho **134**
gutless **106-107**

H
haggard **154-155, 157**
handy **62-63**
happy **146-147, 166-167**
hard **30-31**
hard up **122-123**
hardly any **56-57**
harmless **188-189**
harsh **152-153**
hazardous **190-191**
heaps of **52, 54**
heavy **10-11, 158, 160, 196-197**
heroic **104-105**
hideous **140**
high **79**
higher-ranking **29**
hilarious **82-83**
homely **140-141**
horrible **96-97, 176-177**
horrified **148**
hostile **98**
hot **22-23, 42-43, 196-197**
humorous **82-83**
hundreds of **52-53**
hurting **196-197**
hyper **90**
hysterical **82-83**

I
idiotic **102-103**
immature **108-109**
immense **6**
important **66-67**
impossible **30**
impoverished **122-123**
in fashion **162-163**
inadequate **64-65**
inconvenient **64-65**

indifferent **136-137**
indispensable **44-45**
inedible **34-35**
inferior **20-21**
innocuous **188-189**
insufficient **60-61**
intelligent **100-101**
intense **193, 196-197**
intolerable **192**
irritated **119**
itchy **196-197**

J, K
joyful **166-167**
jumping **196-197**
kids' stuff **26, 28**
killing **196-197**
kind **94-95, 150-151**
kind of salty **36-37**

L
lacerating **196-197**
lacking **60-61**
lanky **154, 156**
large **2-3, 6-7,** 79, **158, 161**
legendary **180**
leisurely **186-187**
lifeless **186**
light **12-13,** 39
lightweight **12-13**
limiting **64-65**
little **5, 8-9**
loaded **120**
loads of **52, 54**
long-lasting **29**
lots and lots of **55**
lots of **52-55**
loud **114-115, 130-131**
lousy **176-177**
loving **150-151**
low-end **29**
luxurious **48-49**
luxury **49**

M
mad **118-119**
mandatory **44-45**
masses of **52, 54**
meager **60-61**
mean **96-97**
measly **60-61**
messy **72-73**
middle-aged **29**
mild **194-195**
millions of **52-53**
mind-numbing **84**
miniature **4-5**
miniscule / minuscule **4**
miserable **196-197**
moronic **102-103**
mountains and mountains of **53**
mountains of **52-53**
muscular **126-127**

N
nagging **196-197**
nameless **182-183**
narrow **9**
nasty **34-35,** 97
nauseating **196-197**
neat **70-71**
necessary **44-45**
needed **44-45**
new **79**
next to no **56-57**
nice **19, 94-95, 138-139, 142-143, 150-151**
nifty **62-63**
no sweat **26, 28**
no-frills **50-51**
noisy **114-115**
nonchalant **136-137**
nonessential **46-47**
normal **68-69**
numb **196-197**
numerous **52, 55**

O

obese 159, 161
obscure 182-183
okay 18-19
old 79, 110-111
older 110-111
oodles of 52, 54
oppressive 10
optional 46-47
ordinary 68-69
other 79
out of energy 92-93
out of fashion 164-165
overbearing 124
overjoyed 146
overweight 158, 160

P

painless 26-27
passionate 134-135
penetrating 196-197
perilous 190
perplexed 172-173
petite 154-155
piercing 196-197
pinching 196-197
pitch-black 76
pitch-dark 76
pivotal 66-67
plain 132-133
pleased 147, 166-167
plenty of 52, 55
plump 158-159
plush 48-49
poor 122-123
popular 180-181
porky 159, 161
positive 170-171
pounding 196-197
powerful 124-127
precious 15
pressing 196-197
pretty 138-139
priceless 14-15

pricey 14-15
pricking 196-197
prominent 180-181
proud 178-179
pulling 196-197
pulsing 196-197
punishing 196-197
pushy 124-125
puzzled 172-173

Q

quick 184-185
quiet 112-113
quite a few 53, 55
quite a lot of 53, 55
quivering 196-197

R

radiating 196-197
rapid 184-185
rasping 196-197
really 59
reasonable 16-17
red hot 22-23
relaxed 116-117
relieved 146-147
required 44-45
restrained 112-113
rich 120-121
risk-free 188
risky 190-191
round-table 29
run-down 50

S

saccharine 40
sad 168-169
safe 188-189
salty 36-37
scads of 52, 54
scalding 196-197
scarcely any 56-57
scared 148-149
scores of 52, 54

scrawny 154, 156
scrumptious 32-33
searing 196-197
secure 189
senseless 102-103
serene 116
serious 66-67
several 53, 55
severe 153, 192-193
shabby 50-51
shadowy 76-77
shapely 158, 160
sharp 100-101, 192-193, 196-197
shiny 74-75
shooting 196-197
showy 130-131
sick and tired 88
sickening 196-197
silent 112
silly 102-103
simple 26-27, 50-51, 132-133
sizable 6-7
skeletal 154-155, 157
skinny 154, 156
sleek 154-155
slender 154-155
slightly salty 36-37
slightly spicy 42-43
slightly sweet 40-41
slim 154-155
slow 186-187
sluggish 92-93, 186-187
small 4-5, 8-9, 79
small-appliance 29
smallish 4-5
smart 100-101, 162-163
smarting 194-197
snobbish 179
sophisticated 162
sore 196-197
so-so 90-91
spacious 6-7

speedy 184-185
spicy 42-43
spineless 106
splitting 196-197
spotless 70-71
spreading 196-197
squeezing 196-197
stabbing 196-197
stacks of 52, 54
stale 84-85
sterile 70
stinging 194, 196-197
stingy 144
stocky 158-159
stout 158, 160
straightforward 26-27
strict 152-153
strong 124-127
stuck-up 178-179
stupid 102-103
stylish 162-163
substandard 20-21
suffocating 196-197
sugary 40-41
sunny 74-75
sure 170-171
svelte 154-155
sweet 40-41, 94
swift 184

T

tacky 164-165
tasteless 38
tasty 32-33
taut (tight) 196-197
tearing 196-197
tender 196-197
terrible 20-21, 35, 176-177
terrific 32
terrified 148-149
terrifying 196-197
thin 154-156
thousands of 52-53
thrifty 144-145

thrilling 86
throbbing 196-197
thunderous 114-115
tidy 70-71
tight 196-197
tightfisted 144-145
tight-lipped 112-113
timid 106-107
tingling 196-197
tiny 4-5, 8-9
tired 88-89, 92-93
tiring 196-197
toasty 22-23
tons of 52-53
torturing 196-197
tough 31, 152-153
traditional 68
tranquil 116-117
trouble-free 26-27
troublesome 10-11, 196-197
tubby 158-159
tugging 196-197
24-hour 29
typical 68-69

U

ugly 140-141, 164
unadorned 132-133
unappealing 164-165
unappetizing 34-35
unattractive 140-141, 164-165
unbearable 192, 196-197
uncaring 136
uncomfortable 194-195
uncomplicated 26-27
unconcerned 136-137
unendurable 192
unfashionable 165
unfriendly 98-99
unhurried 186-187
uninterested 88-89
unkind 96-97

unknown 182-183
unnecessary 46-47
unsafe 190-191
unselfish 142-143
unsung 182-183
uppish 179
uppity 178-179
upset 118-119
up-to-date 29
useful 62-63
useless 64-65

V

valuable 14-15
very 59
very few 56-57
very little 56-57
vicious 196-197
vigorous 125

W

wanting 60-61
warm 22-23
weak 128-129
wealthy 120-121
weary 93
weightless 12-13
well-built 158-159
well-known 180-181
white hot 23
wholehearted 134-135
wise 101
withdrawn 112-113
wonderful 32-33, 174-175
worn out 92-93
worthless 64
wrenching 196-197
wretched 196-197

X, Y, Z

young 108-109
youthful 108-109
zesty 42-43

● 著者紹介 ●

デイビッド・セイン（David A. Thayne）

1959 年アメリカ生まれ。カリフォルニア州アズサパシフィック大学（Azusa Pacific University）で、社会学修士号取得。証券会社勤務を経て、来日。日米会話学院、バベル翻訳外語学院などでの豊富な教授経験を活かし、現在までに 110 冊以上、累計 300 万部の著作を刊行している。日本で 25 年以上におよぶ豊富な英語教授経験を持ち、これまで教えてきた日本人生徒数は数万人に及ぶ。英会話学校経営、翻訳、英語書籍・教材制作などを行なうクリエーター集団 A to Z（www.atozenglish.jp）の代表も務める。著書に、『ネイティブが教える英語の動詞の使い分け』『ネイティブが教えるほんとうの英語の冠詞の使い方』『ネイティブが教える 英語の語法とライティング』（研究社）、『爆笑！英語コミックエッセイ 日本人のちょっとヘンな英語』『「ごちそうさま」を英語で言えますか？(学校では教えてくれなかった英語)』（アスコム）、『英語ライティングルールブック──正しく伝えるための文法・語法・句読法』（DHC）、『その英語、ネイティブにはこう聞こえます』（主婦の友社）、『ネイティブはこう使う！マンガでわかる前置詞』（西東社）など多数。

古正佳緒里（ふるしょう　かおり）

● 調査・執筆協力 ●
Esther Thirimu　　Ralph Schriok　　Malcolm Hendricks

● イラスト ●
ヨシダミツキ

● 編集協力・索引作成 ●
杉山まどか

● 社内協力 ●
高見沢紀子

ネイティブが教える
英語の形容詞の使い分け
Natural Adjective Usage for Advanced Learners

● 2013年9月11日 初版発行 ●

● 著者 ●
デイビッド・セイン（David A. Thayne）
古正 佳緒里（A to Z）

Copyright © 2013 by A to Z

発行者 ● 関戸雅男
発行所 ● 株式会社 研究社
〒102-8152 東京都千代田区富士見 2-11-3
電話 営業 03-3288-7777（代） 編集 03-3288-7711（代）
振替 00150-9-26710
http://www.kenkyusha.co.jp/

KENKYUSHA

装丁 ● 久保和正
組版・レイアウト ● A to Z
印刷所 ● 研究社印刷株式会社

ISBN 978-4-327- 45256-8 C0082　　Printed in Japan

価格はカバーに表示してあります。
本書のコピー、スキャン、デジタル化等の無断複製は、著作権法上での例外を除き、禁じられています。
また、私的使用以外のいかなる電子的複製行為も一切認められていません。
落丁本、乱丁本はお取り替え致します。
ただし、古書店で購入したものについてはお取り替えできません。

研究社の出版案内

セイン先生がずばり教えます！

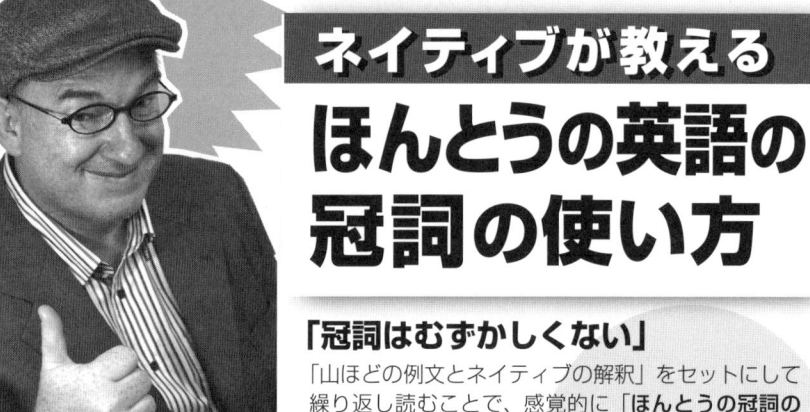

ネイティブが教える ほんとうの英語の冠詞の使い方

「冠詞はむずかしくない」

「山ほどの例文とネイティブの解釈」をセットにして繰り返し読むことで、感覚的に「ほんとうの冠詞の使い方」が身につきます！

デイビッド・セイン
森田 修・古正佳緒里〔著〕
A5判 並製 166頁
ISBN978-4-327-45253-7

ネイティブが教える 英語の動詞の使い分け

「この状況、文脈では、どんな動詞をあてるべきか？」

日本人が理解しにくいこの問題を、セイン先生が、多くのネイティブに調査したうえで教えてくれます！

デイビッド・セイン
森田 修・古正佳緒里〔著〕
A5判 並製 288頁
ISBN978-4-327-45247-6

ネイティブが教える 英語の語法とライティング

日本人学習者が英訳の際によく間違えてしまう微妙な日本語の言い回しを、セイン先生が分かりやすく英訳・解説！文法的に正しい英文を書きたい方の必携書！

デイビッド・セイン〔著〕
A5判 並製 280頁 ISBN978-4-327-45240-7